图书在版编目（CIP）数据

新常态：全面深化改革的战略布局 / 北京大学法治研究中心编著 .-- 北京：中信出版社，2018.4
（中国道路丛书）
ISBN 978-7-5086-8707-0

Ⅰ. ①新… Ⅱ. ①北… Ⅲ. ①体制改革－研究－中国 Ⅳ. ①D61

中国版本图书馆 CIP 数据核字（2018）第 044488 号

新常态：全面深化改革的战略布局

编　　著：北京大学法治研究中心
出版发行：中信出版集团股份有限公司
（北京市朝阳区惠新东街甲 4 号富盛大厦 2 座　邮编　100029）
承 印 者：北京鹏润伟业印刷有限公司

开　　本：787mm×1092mm　1/16　　印　　张：17　　字　　数：236 千字
版　　次：2018 年 4 月第 1 版　　印　　次：2018 年 4 月第 1 次印刷
广告经营许可证：京朝工商广字第 8087 号
书　　号：ISBN 978-7-5086-8707-0
定　　价：56.00 元

新常态：全面深化改革的战略布局

中国发展动态（2014）

北京大学法治研究中心　编著

中信出版集团 · 北京

《中国道路丛书》学术委员会

《中国道路丛书》总序言

中华人民共和国成立60多年以来，中国一直在探索自己的发展道路。特别是在改革开放30多年的实践中，努力寻求既发挥市场活力，又充分发挥社会主义优势的发展道路。

改革开放推动了中国的崛起。怎样将中国的发展经验进行系统梳理，构建中国特色的社会主义发展理论体系，让世界理解中国的发展模式？怎样正确总结改革与转型中的经验和教训？怎样正确判断和应对当代世界的诸多问题和未来的挑战，实现中华民族的伟大复兴？这都是对中国理论界的重大挑战。

为此，我们关注并支持有关中国发展道路的学术中一些有价值的前瞻性研究，并邀集各领域的专家学者，深入研究中国发展与改革中的重大问题。我们将组织编辑和出版反映与中国道路研究有关的成果，用中国理论阐释中国实践的系列丛书。

《中国道路丛书》的定位是：致力于推动中国特色社会主义道路、制度、模式的研究和理论创新，以此凝聚社会共识，弘扬社会主义核心价值观，促进立足中国实践、通达历史与现实、具有全球视野的中国学派的形成；鼓励和支持跨学科的研究和交流，加大对中国学者原创性理论的推动和传播。

《中国道路丛书》的宗旨是：坚持实事求是，践行中国道路，发展中国学派。

始终如一地坚持实事求是的认识论和方法论。总结中国经验、探讨中国模式，应注重从中国现实而不是从教条出发。正确认识中国的国情，正确认识中国的发展方向，都离不开实事求是的认识论和方法论。一切从实际出发，以实践作为检验真理的标准，通过实践推动认识的发展，这是中国共产党的世纪奋斗历程中反复证明了的正确认识路线。违背它就会受挫失败，遵循它就能攻坚克难。

毛泽东、邓小平是中国道路的探索者和中国学派的开创者，他们的理论创新始终立足于中国的实际，同时因应世界的变化。理论是行动的指南，他们从来不生搬硬套经典理论，而是在中国建设和改革的实践中丰富和发展社会主义理论。我们要继承和发扬这种精神，摒弃无所作为的思想，拒绝照抄照搬的教条主义，只有实践才是真知的源头。《中国道路丛书》将更加注重理论的实践性品格，体现理论与实际紧密结合的鲜明特点。

坚定不移地践行中国道路，也就是在中国共产党领导下的中国特色社会主义道路。我们在经济高速增长的同时，也遇到了来自各方面的理论挑战，例如，将改革开放前后两个历史时期彼此割裂和截然对立的评价；再如，极力推行西方所谓“普世价值”和新自由主义经济理论等错误思潮。道路问题是大是大非问题，我们的改革目标和道路是高度一致的，因而，要始终坚持正确的改革方向。历史和现实都告诉我们，只有社会主义才能救中国，只有社会主义才能发展中国。在百年兴衰、大国博弈的历史背景下，中国从积贫积弱的状态中奋然崛起，成为世界上举足轻重的大国，成就斐然，道路独特。既不走封闭僵化的老路，也不走改旗易帜的邪路，一定要走中国特色的社会主义正路，这是我们唯一正确的选择。

推动社会科学各领域中国学派的建立，应该成为致力于中国道路探讨的有识之士的宏大追求。正确认识历史，正确认识现实，积极促进中国学者原创性理论的研究，那些对西方理论和价值观原教旨式的顶礼膜拜的学风，应当受到鄙夷。古今中外的所有优秀文明成果，我们都应该兼收并蓄，但绝不可泥古不化、泥洋不化，而要在中国道路的实践中融会贯通。以实践创新推动理论创新，以理论创新引导实践创新，从内容到形式，从理论架构到话语体系，一以贯之地奉行这种学术新风。我们相信，通过艰苦探索、努力创新得来的丰硕成果，将会在世界话语体系的竞争中造就立足本土的中国学派。

《中国道路丛书》具有跨学科及综合性强的特点，内容覆盖面较宽，开放性、系统性、包容性较强。其分为学术、智库、纪实专访、实务、译丛等类型，每种类型又涵盖不同类别，例如在学术类中就涵盖文学、历史学、哲学、经济学、政治学、社会学、法学、战略学、传播学等领域。

这是一项需要进行长期努力的理论基础建设工作，这又是一项极其艰巨的系统工程。基础理论建设严重滞后，学术界理论创新观念不足等现状是制约因素之一。然而，当下中国的舆论场，存在思想乱象、理论乱象、舆论乱象，流行着种种不利于社会主义现代化事业和安定团结的错误思潮，迫切需要正面发声。

经过60多年的社会主义道路奠基和30多年的改革开放，我们积累了丰富的实践经验，迫切需要形成中国本土的理论创新和中国话语体系创新，这是树立道路自信、制度自信、理论自信、文化自信，在国际上争取话语权所必须面对的挑战。我们将与了解中国国情，认同中国改革开放发展道路，有担当精神的中国学派，共同推动这项富有战略意义的出版工程。

中信集团在中国改革开放和现代化建设中曾经发挥了独特的作用，它不仅勇于承担大型国有企业经济责任和社会责任，同时也勇于承担政治责任。它不仅是改革开放的先行者，同时也是中国道路的践行者。中信将以历史担当的使命感，来持续推动中国道路出版工程。

2014 年 8 月，中信集团成立了中信改革发展研究基金会，构建平台，凝聚力量，致力于推动中国改革发展问题的研究，并携手中信出版社共同进行《中国道路丛书》的顶层设计。

《中国道路丛书》的学术委员会和编辑委员会，由多学科多领域的专家组成。我们将进行长期的、系统性的工作，努力使《中国道路丛书》成为中国理论创新的孵化器，中国学派的探讨与交流平台，研究问题、建言献策的智库，传播思想、凝聚人心的讲坛。

孔丹

2015年10月25日

《动态中国丛书》编委会

新常态：全面深化改革的战略布局

中国发展动态（2014）

主　　编：刘天骄　邵六益

编　　辑（按姓氏笔画排序）：

马纪元　王沛嘉　王曹翼　冯　源　刘天骄　刘建伟

杨煜超　吴　双　吴秋兰　何鼎鼎　沈　思　陈　铭

邵六益　孟宪亮　段相宇　俞莎莎　柴　璐　郭迁迁

彭　飞　彭　博　谢沁菲　蔡　森

《动态中国丛书》出版说明

党的十八大以来的5年，是中国发展进程中极不平凡的5年，这5年，中国的改革开放和社会主义建设取得历史性的成就。中国从毛泽东时代的“站起来”、邓小平时代的“富起来”开始进入习近平时代的“强起来”。如果说在过去一些年，国内外学者普遍关注“中国崛起”这个话题，并试图在理论上解释中国为什么会崛起，那么最近一些年他们更加关注中国崛起对世界意味着什么，一个强大的中国为世界贡献了什么，中国的复兴能不能为世界发展提供新的发展模式和发展道路，并为其他国家提供中国经验和中国智慧。

近代以来，中国由于遭受列强侵略，社会经济文化相对落后，中华民族一度处于被动挨打地位，中国一直在探索独立和复兴之路。直至一百年前十月革命一声炮响，给中国送来了马克思列宁主义，在马克思列宁主义同中国革命的结合过程中，中国共产党应运而生。中国共产党从成立的第一天起，就义无反顾地肩负起实现中华民族伟大复兴的历史使命，团结带领中国人民走出山河破碎、内忧外患、战争连绵的黑暗境地，并通过长期的革命和建设，建立起繁荣富强的社会主义新中国。

无论是中国革命道路，还是中国社会主义建设道路，中国在探索现代化道路的过程中始终保持着独立自主的政治品格，这构成毛泽东时代、邓小平时代和习近平时代在与时俱进中不断变化的内在连续性，由此走出了一条既具有鲜明中国特色、又深具辐射力的现代化道路。党的十九大报告明确指出，中国的探索“拓展了发展中国家走向现代化的途径，给世界上那些既希望加快发展又希望保持自身独立性的国家和民族提供了全新选择，为解决人类问题贡献了中国智慧和中国方案”。这就意味着，中国走出了一条具有普遍意义的现代化道路。而要理解这条现代化道路的意涵，就必须知道“中国在做什么”，理解“中国在想什么”。这就是我们编辑出版《动态中国丛书》的出发点。

北京大学法治研究中心以2012年中国进入新时代为开端，以智库报告的方式编辑《动态中国丛书》，该丛书包括：“中国发展动态”、“中国思想动态”、“中国法治动态”和“中国港澳动态”。“中国发展动态”着力展现中央推出的各项重大改革政策，包括国家发展战略、政治体制、行政管理、经济民生、文化思想等领域推出的各项改革措施和公共政策，地方政府有创新的改革措施也有所收录。“中国思想动态”旨在跟踪和记录公共知识界就国际重大事件、全球发展格局与走向的思考，就中国发展战略和发展道路以及政治、经济和社会文化领域的思考和辩论。“中国法治动态”旨在跟踪和记录中国在推动法治发展过程中，在立法、执法、司法等领域推出的重大改革举措，以及引发争议的重大案件和法律热点争论等。“中国港澳动态”旨在跟踪和记录中央治理港澳特区的有关政策和举措，港澳特区在政治、经济、司法、民生、文化思想领域的重大事件和发展变化。我们在每月分类整理的基础上形成年度综述报告。如果我们将这些年度综述报告串起来，就可以清晰地呈现习近平新时代中国特色社会主义道路是怎样一步一步走出来的，以及在这一历史进程中，中国在想什么，中国在做什么。

《动态中国丛书》基于对全年度重大事项的记录整理，不仅提供了丰富而生动的具体事项，而且展现出一幅易于把握的历史全景。作为智库报告，我们不是从主观学术立场出发来判断中国的发展走向并由此提供政策建议；相反，我们希望尽可能以一种客观、中立的立场来记载中国究竟在发生什么。因此，每年的年度报告更多是一种客观的综述而不是主观的理论构建，每个人都可以根据这些历史资料进行不同的解读。我们希望《动态中国丛书》成为学术界在研究和思考中国问题时备查的历史资料书。然而，任何历史记录总是会受到编者的关注点和信息搜集能力的限制。我们期待更多人尝试这样的工作，以不同的叙事线索，串起那些散落的珍珠。随着时间的推移，这些记录工作的意义也将与日俱增：当读者站在未来某一时点回顾中国发展历程，他们将能更清晰地看到中国道路是如何从过去某一时点延伸到他们的脚下，由此也能更好地理解当代中国那些看似平淡无奇的思考和实践，究竟是如何在世界历史进程中获得其普遍性的。

需要说明的是，《动态中国丛书》的编辑是一项集体合作的事业。由于相关资料来源的局限性，难免会遗漏一些重大主题。加之我们的专业水平有限，对相关主题的挑选与整理也难免有所偏差。同时，为保持历史脉络的连续性和真实性，书稿中对相关政策事件的表述与评论仍保留当时的分析判断。凡此种种缺点，希望读者见谅。

《动态中国丛书》的编辑和撰写得益于香港丽达集团、香港敏华控股有限公司的支持。同时，要感谢中信改革发展研究基金会理事长孔丹先生和中信出版社副总编辑季红女士，正是他们的重视与远见，使得本丛书以智库报告形式进入《中国道路丛书》。季红副总编辑认真通读了整个报告，从书名、体例到报告内容乃至编辑细节都提出了专业的修改意见，许多内容都是经过反复修改之后才确定下来。中信出版社罗卫平、谭惠芳等编辑做了大量的联系组织工作，没有她们的努力，这套丛书不会以这种方式与大家见面。

《动态中国丛书》编委会

2018 年 3 月

目　录

第一部分

中国发展动态年度报告

（2014）

导 言

后冷战时代以来，伴随着苏联解体，美国走上了世界霸权巅峰，并在全球化的意识形态下致力于缔造“新罗马帝国”。从巴尔干战争，到漫长的伊斯兰战争，以及在中亚、北非、中东、东南亚等掀起一系列“颜色革命”，颠覆对立政权，缔造帝国盟友。一时间，世界格局似乎呈现出一幅“历史终结”的景象。

然而，随着中国、俄罗斯、印度和巴西等新兴工业化国家的经济复兴，美国的霸权地位受到挑战，世界秩序发生巨变。在这样的格局下，中国的崛起无疑具有普遍的世界意义。一方面，中国崛起在地缘政治上挑战了美国的全球霸权，从而加速了全球向多极化方向发展；另一方面，中国的复兴展现了一套不同于西方的政治经济发展和文化思想理念，从而对统治世界近500年的西方文明构成了新的挑战。这意味着，历史并没有终结，人类文明的未来发展具有超越现代西方文明的巨大动力和潜力。

面对世界秩序的转型，在国际上，中国要应对美国为保持其全球霸主地位而针对中国展开“重返亚洲”的围堵，以“一带一路”为中心构设自主的战略空间和新的世界秩序；而在国内，则以全面深化改革为抓手，坚定不移走中国特色社会主义道路，致力于推进国家治理体系和治理能力现代化，推动中国特色社会主义制度更加成熟，推动中华文明的现代转型，从而走出一条不同于西方文明的现代化道路。

全面深化改革是中国经过百余年革命、建设和改革之后的历史性再出发，其总目标是完善和发展中国特色社会主义制度，推进国家治理体系和治理能力现代化。早在1992年，邓小平在视察南方重要谈话中就提出了中国体制的长期战略构想："恐怕再有三十年的时间，我们才会在各方面形成一整套更加成熟、更加定型的制度。"① 20年后的2012年，党的十八大从经济、政治、文化、社会、生态文明五方面，提出全面深化改革的制度目标，即构建完备、成熟、科学、有效的社会主义制度体系。2013年，党的十八届三中全会更加明确地指出，要以现代化建设为中心，充分发挥社会主义国家的制度优势和市场机制的积极作用，通过全面深化改革，不断增强中国特色社会主义道路自信、理论自信、制度自信，让中国的政治发展理念、社会发展模式获得越来越大的影响力。

党的十八大以来，尤其是2014年全面深化改革正式启动以来，持续的高压反腐、各级领导班子的调整、全面深化改革方案及各领域具体改革措施的陆续推出，各类令人耳目一新的中国政治经济社会文化议程设置，凝聚了民心，扭转了士气，提振了信心，让社会各界对中国的未来寄予厚望。

如果说2013年中国政治发展格局还不明晰，那么2014年中国的治国理政走向日趋明朗，各种施政理念和制度建设都朝着中国特色社会主义制度的成熟化方向发展，这尤其突出地表现在党和国家的关系、党和群众的关系以及政府和市场的关系上。

就党和国家的关系而言，从过去过于强调党政分开、依法治国，转向强化党要领政，坚持党的领导，处理好党的领导与依法治国的辩证关系，从而

---

① 邓小平．邓小平文选（第3卷）［M］．北京：人民出版社，1993.

奠定了党和国家关系的新格局。一方面党在政治上集权，另一方面通过依法治国、依宪治国，用宪法和党章、党规和国法来约束权力。

在党和群众的关系上，一方面，强调党在政治上集权，其目的是为了凝聚全党和全国人民的力量，形成统一的政治意志，否则将无法树立中央决策的权威性，无法阻止地方主义、山头主义和部门官僚主义以及各种商业利益集团的侵蚀，无法遏制执政党自身的腐化败坏现象，无法克服国家机器趋于官僚化、精英化和机械化的问题；另一方面，始终强调党和人民群众的血肉联系，强调走群众路线、为人民服务，强调执政要始终以民为本。

在政府和市场的关系上，一方面，强调中央政府的行政放权，以调动地方政府自主决策的积极性，调动市场经济主体自主创新的积极性，调动广大人民群众的创造性，满足广大人民群众的参与愿望；另一方面，始终强调政府在市场经济活动中的积极作用。这种正面作用不仅体现在通过国家宏观发展战略来引导市场经济发展，比如通过“一带一路”建设和亚投行来释放中国市场经济发展的潜力，通过建构新型城乡关系、经济区划、产业布局等战略来引导经济的发展方向；这种正面作用还体现在通过宏观经济政策和社会保障政策等，为市场经济的健康发展提供指引和基础。

党在政治上集权和政府在行政上放权的新型党政关系制度建构，来源于中国宪法中贯穿始终的“两个积极性”思想，既要调动中央的积极性，也要调动地方的积极性；既要调动党的积极性，也要调动国家法律的积极性；既要调动人民群众的积极性，也要调动政府官员的积极性；既要调动政府的积极性，也要调动市场的积极性。这在理论上实际触及政治哲学家托克维尔对现代政治的洞见，即严格区分“政治集权”和“行政集权”。[①] 前者是指在涉及整个国家的重大政治问题上形成统一的人民主权意志，这是现代政治面临

① 托克维尔．论美国的民主［M］．北京：商务印书馆，2013.

的首要问题；后者是指在国家治理的具体问题上，甚至是在地方事业的发展上完全由中央决策。现代政治的良好治理既要避免政治集权和行政集权的完全结合，避免因此形成国家权力极度膨胀的倾向；也要避免政治分权和行政分权的完全结合，避免国家分裂倾向或无政府倾向，从而出现“治理失灵”，而将政治集权与行政分权适当结合无疑是良好的治理之道。

早在20世纪50年代，毛泽东就开始思考探索适合中国的社会主义道路，探索适合中国的国家治理模式。在《论十大关系》中，毛泽东系统阐述了“两个积极性”的思想，批评了地方完全服从中央计划指令的行政集权思路，赋予地方政府在经济社会领域的自主性，从而开始从行政集权走向行政放权。[①] 由此促进了地方发展的积极性和相对自主性，特别是在“大跃进”期间，地方各级政府积极兴办各种企业，积累了资金、技术和人才，为后来改革开放过程中经济发展遍地开花、乡镇企业异军突起、地方经济发展展开相互竞争的良好局面奠定了基础。发端于西方的工业化道路普遍从几个高度发达的工业城市开始，现代中国的工业化道路虽然也通过行政计划创造了许多高度发达的工业城市，但“两个积极性”所提供的思路，实际上为经济的全面发展开辟了道路。

改革开放延续了“两个积极性”的思路，即通过中央向地方“放权让利”的方式，激活了各级地方政府和市场经济主体的活力。然而，随着经济改革和地方经济实力的增长，“地方主义”开始削弱中央的行政权力，危及国家治理能力。在这种背景下，20世纪90年代中央利用政治集权的优势，通过“分税制”等一系列财政和金融改革，加强了中央政府的行政权力和治理能力，从而形成了中央与地方合理的行政分权格局。然而，随着经济改革的深入，中央的政治权威出现了衰落的趋势。各种商业利益集团通过合法和非法

---

① 毛泽东．毛泽东选集（第五卷）[M]．北京：人民出版社，1977.

的渠道影响中央政府的决策，在政策制定中拥有越来越大的影响力。特别是各种商业利益集团控制的传媒影响着舆论和意识形态的走向，企图不断削弱中央的政治权威。地方政府的自主性越来越大，甚至出现了与中央争权夺利的趋势，由此增加了中央协调地方、形成全国一盘棋的难度。与此同时，执政党过分陷入政府行政事务，特别是经济事务的日常管理中，未能有效地加强自身的建设，以至于党的路线方针、政治思想作风、干部组织体系、纪律检查体系、意识形态斗争、统一战线工作和群众组织动员等领域中的重要工作常常处于停滞状态。在这种背景下，中央利用手中的经济资源和政治资源，试图通过增加行政集权来强化政治集权，建立一套中央集权的维稳体制，而这种倾向非但未能增强中央的政治权威，反而窒息了地方政府和市场经济主体的积极性。而这一切缘于20世纪90年代以来在“不争论”背景下发展出的“政治行政化”或“政治治理化”趋势，试图用行政治理技术手段来解决政治问题，最终导致行政的技术官僚化，弱化了执政党的意识形态动员能力，也在一定程度上削弱了中央的政治权威。

回过头来看，当改革开放初期党的基本路线从阶级斗争转向经济建设的时候，实际上其重心就已从“政治”转向了“经济”。特别是为了防止政治问题对经济建设的干扰，中央用“不争论”的方式弱化了政治的作用，以至于形成政治高度依赖于行政的局面。在行政分权的国家治理思路中，必然会出现政治分权的倾向。面对这种危机，中央主张既不走改旗易帜的邪路，也不走僵化教条的老路，但一度对举什么旗、走什么路，如何在新形势下凝聚人心等问题，党内很多人还缺乏明确认识。

面对这种格局，党的十八大以来，中央旗帜鲜明地回答了中国举什么旗、走什么路这个根本的政治问题，而这涉及政治格局、思想意识形态、核心价值、宪制法治和行政体制等根本性和整体性问题。可以说，党的十八大以来，出现了前所未有的“政治复兴”或“政治回归”。改革开放30多年的发展过程，就是在市场经济基础上发展起来的新型行政治理体系与中国共产党领导的政治体系之间的磨合调试过程，而这种磨合调适经过30多年后已经到了重新梳理和整装再出发的时候。究竟是市场经济的发展成为决定其他力量的根本要素，从而变成以市场和资本为核心的资本主义；还是以公共利益为核心，让市场经济的活力最终服务于以人民利益和公共利益为导向的新型社会主义，这两种发展路径始终在改革实践中进行较量。由于受到过去30多年转型思维的影响，人们自然习惯用变的因素冲击不变的因素，而忽略了变的因素也要适应不变的因素，其后果是政治与行政的关系得不到恰当处理，导致改革开放所释放出来的经济社会活力被各种政治挑战、社会问题、市场风险所抵消，从而直接引发人民对于国家民族前途命运的担忧。因此，如何在变的因素改变不变的因素的同时坚持社会主义基本制度，让中国特色社会主义制度更加成熟、更具有活力，无疑是未来的发展方向。

从这个角度看，2014年中国的发展图景就比较清晰了，这就是要通过国内和国际两个层面的深度调整，推动中国经济的可持续发展，同时又消解市场经济对政治权威的冲击，从根本上厘清中国特色社会主义制度的脉络和架构。一方面，对内在行政治理的层面，致力于行政放权，推动财税体制改革、削减前置审批、发展服务业，推动简政放权和经济转型，释放市场活力；对外则利用已有的中央行政集权优势，发展“一带一路”、倡导成立在全球经济治理意义上堪称划时代的亚洲基础设施投资银行，拓展中国可持续发展所需要的世界市场。另一方面，在政治上致力于巩固中央的政治集权，通过党的群众路线教育实践活动、弘扬社会主义核心价值观等一系列措施，在干部队伍、意识形态、军队等各领域重新回归代表广大人民根本利益的政党而非精英型政党，重新强化党中央的政治权威，阻止资本主义思想侵蚀党的威信。对此，中央在原则上进一步理顺了政治与行政的关系、政府与市场的关系、党与群众的关系，从而推动中国特色社会主义制度不断成熟、不断定型，推进国家治理体系和治理能力现代化，从而在“四个现代化”的基础上，实现“制度现代化”这第五个现代化。按照上述思路，下面我们将对2014年中央在政治、经济、文化、社会等领域的政策进行概述。

一、激活制度优势：强化政治权威

中国共产党是中国特色社会主义事业的领导核心。统一战线，武装斗争，党的建设，是中国共产党在中国革命中战胜敌人的三大法宝。中国共产党武装夺取政权建立国家之后，必然要承担治理国家的重任，这就要求中国共产党从革命党真正转化为执政党，从而形成政党和国家相结合的政治体制。

在这种政党与国家相结合的体制中，党始终面临着内在的张力。一方面，党必须扎根人民群众之中，反映人民群众的愿望，代表人民群众的利益诉求；另一方面，党必须肩负起领导国家的重任，要介入到经济、社会、法律和文化等领域各项具体的国家治理事务中，这必然要和国家治理机制相结合，从而不得不遵循国家治理的内在逻辑。如果说前者代表着多样化的生机勃勃的社会运动，后者则代表着国家治理的行政化、理性化、专业化和科层化。在“又红又专”中，前者代表着“红”，是中国共产党的生命力所在，也是中国共产党领导国家的正当性基础所在，由此成为中国共产党能够领导国家的“政治优势”，它决定了中国的全面深化改革和社会主义制度依靠谁、为了谁，从而确定了中国政治的旗帜、道路和价值定位等关键问题。而后者则意味着“专”，是中国共产党能否有效领导国家的能力所在，尤其是中国共产党领导国家要从农业大国变为现代工业强国，要从传统社会变成现代工商业社会进而步入信息社会，要从传统的区域大国变成全球性大国，如此急剧的社会变化必然对中国共产党的学习能力和执政能力提出挑战，以至于它必须适应国家治理的需要而不断调整自身。正因为如此，党中央需要同时在两个方面用力，既要强调为谁来执政，又要强调如何来执政，从而做到“又红又专”。为了应对这两方面的挑战，中国共产党必须加强自身建设，始终要成为具有凝聚力和战斗力、具有组织性和纪律性的先进团体。

然而，在面对复杂多变的国内外形势，特别是互联网带来的社会结构变化所引发的挑战，面对市场经济商业化浪潮的冲击时，部分党员的理想信念有所动摇，部分党组织执行纪律规矩有所放松，党内腐败现象有所抬头，干群关系有所紧张，这些都是中国共产党面临的挑战。在这种背景下，尤其是党的十八大之后，中央以“从严治党”为抓手，强调“正人先正己”。如果不能全面从严治党，不改变党内愈发严重的精英化、官僚化作风，不改变全党的思想观念，中国社会主义制度的巩固和传承将成为空话，“两个一百年”的奋斗目标也就无法实现。因此，2014 年，中国共产党一方面在思想路线、干部选拔与军队建设方面，坚守并激活革命时代所形成的群众路线等优良传统，另一方面又在党的十八届四中全会上提出“依规治党”和“依法治国”，系统阐述党的领导与依法治国的关系，通过法治提升党的执政能力，强化党的执政权威。持续高压反腐，严肃党纪党规，并重新凝聚和提振广大人民群众对于中国特色社会主义制度和中国共产党的领导的认同和信心。

（一）发扬群众型政党传统

1. 坚守群众路线的生命线

群众路线是中国共产党的生命线，也是中国共产党重新凝聚力量的政治优势所在。为了实现党的十八大提出的“两个一百年”奋斗目标，以及中国特色社会主义制度更加成熟更加定型的目标，中央必须纠正此前政治行政化的发展趋势，重新凝聚党内共识，集中党内力量，巩固群众基础。为此，中央在党的十八大后开展了党的群众路线教育实践活动，着力纠正党内愈演愈烈的“四风”

问题，即形式主义、官僚主义、享乐主义、奢靡之风，克服党内的官僚化倾向，防止党退变成为脱离群众的利益集团，以保持党的战斗力和凝聚力。

2014 年 10 月 8 日，党的群众路线教育实践活动总结大会在北京召开，这标志着以“为民、务实、清廉”为主题的党的群众路线教育实践活动告一段落。此次活动从2013 年6 月开始，至2014 年9 月结束。活动以“照镜子、正衣冠、洗洗澡、治治病”为总要求，聚焦“四风”、反对“四风”，解决了一些多年未解决的问题。比如整个活动期间查处“吃拿卡要”“庸懒散拖”问题 5 万多起、6 万多人；减少乱收费、乱罚款、乱摊派项目 3. 1 万多个，处理 8519 人；压缩“三公”经费 530. 2 亿元；查处公款吃喝、参与高消费的问题 3083 起、4144 人；清理清退公务用车 11. 4 万多辆；叫停“形象工程”“政绩工程”663 个；停建楼堂馆所 2580 个等。① 从治理绩效的角度看，这些问题似乎都是小问题，但党的群众路线教育实践活动追求的不是数字化的治理绩效，而是要通过这种微观的治理来触动党员领导干部的思想和灵魂，从而拉近党和群众的心理距离。“得民心者得天下，失民心者失天下”。作为中国特色社会主义事业的领导核心，中国共产党是代表最广大人民根本利益的执政党，党“应当是联系群众的工具，必须是群众中间先进的部分，否则执政党的合法性就会成为大问题”②。

2. 坚持党管干部

对中国共产党而言，干部是极其重要的组成部分。中国共产党作为一个组织，行动必须依赖干部。党的路线、方针和政策必须通过干部来落

① 温红彦，盛若蔚，李章军．党的群众路线教育实践活动取得实实在在成效［N］．人民日报，2014 - 10 - 08.

② 郑永年．中国政治中的“群众路线”［N］．联合早报，2014 - 11 - 04.

实。在某种意义上，中国共产党的干部是联系党和人民群众的桥梁。因此，毛泽东强调，“政治路线确定之后，干部就是决定性的因素”。[①] 有没有一批全面准确落实党的政治路线的干部是党领导国家有效与否的关键。因此，中国共产党在任何时期都非常重视干部的选任。党的十八大之前，中央曾经探索并推进多项干部选拔民主化的制度实验，通过“公推公选”“公推直选”以及“竞争上岗”等方式，打破论资排辈和地域、体制的限制，促进优秀人才脱颖而出，扩大干部选拔的竞争成分。但是，这种选拔干部的方式同时也暴露出凡提必竞、唯分取人、唯票取人、拉票贿选、动辄面向全国选拔、干得好不如考得好等选人用人的新问题，由此也导致党内出现地方主义、山头主义、团团伙伙，削弱了党在干部选拔过程中的领导作用。

为了改进竞争性选拔干部办法，2014 年 1 月 15 日，中共中央印发新修订的《党政领导干部选拔任用工作条例》（以下简称《条例》），在 2002 年原有《条例》基础上，吸取了近年来干部人事制度改革的经验教训，对干部选拔任用制度进行了改进完善，尤其是对“裸官”“跑官”“火箭升官”“带病提拔”等问题做了针对性的回应。公开选拔力度和范围明显收窄，强调从实际出发，合理确定要选拔的职位、数量和范围。同时，增设“动议”作为选拔干部的初始环节，“民主推荐”退为第二环节，民主推荐的结果从“重要依据”变成了“重要参考”，这些都旨在强调党组织在选任过程中的主导作用。此外，新《条例》还规定参加公开选拔“应当经过所在单位同意”“公开选拔县处级以下领导干部，一般不跨省（自治区、直辖市）进行”等。

上述改革表明，干部选拔的新思路意在从三方面纠正时弊。一是坚持党管干部原则，强化党委和相关负责人或部门在干部选拔任用中的权重和责任。

---

① 毛泽东．毛泽东选集（第二卷）［M］．北京：人民出版社，1991.

这既是为了消除公开选拔模式下用人责任模糊的弊病，也是为了打消党委和一把手在选人用人上的现实顾虑。二是构建“有效管用、简便易行”的选人用人机制，停止公开选拔模式衍生出来的“三票制”“三推两选”“三推三考”等复杂机制。三是注重研究新问题新情况，坚决纠正“唯票取人”“唯分取人”“唯年龄取人”等现象，解决“逢提必竞”“逢提必考”等问题，淡化单纯考试和简单票选在干部选拔中的分量和比重。

3. 重申“党管军队”

在1929年的古田会议上，毛泽东提出“支部建在连上”，从而确立了“党指挥枪”的政治原则，军队不是单纯的职业军人，而是负有政治使命的战斗团体。[①] 2014年10月30日，中央军委在福建古田召开全军政治工作会议（以下简称“新古田会议”），系统阐述了革命的政治工作作为革命军队的生命线的地位和作用，重申了党对军队的绝对领导，明确了军队的人民性，是新型人民军队定型的标志，也是中国共产党及其军队建设的里程碑。新古田会议既是寻根溯源，也是亮明底线。习近平曾先后七访古田，大力倡导古田会议确立的思想建党、政治建军原则，弘扬军队政治工作传统，贯彻整风精神，研究解决在新的历史条件下军队建设的重大问题。此次会议中，习近平系统阐述了政治工作是革命军队的生命线，是党的“看家本领”，目的就是要保证军队始终是党的绝对领导下的革命军队，旗帜鲜明地反对“军队非党化、非政治化”和“军队国家化”。[②] 面对国际紧张局势，特别是中国在东海、南海面临的紧张局面，重申古田会议确立的政治原则，无疑有利于凝聚军队的士气，提升军队的战斗力。

---

① 毛泽东．毛泽东选集（第一卷）［M］．北京：人民出版社，1991.

② 李吟，蒋勇．弘扬古田会议精神，奋力实现强军目标［N］．人民日报，2014－11－13.

（二）通过法治提高执政能力

中华人民共和国成立60多年来，中国共产党领导中国实现了从农业国向现代工业国的转型，从传统农业社会向现代工商业社会进而向网络信息社会的转型，用几十年的时间走过了西方国家几百年走过的道路。这一切毫无疑问是跨越式发展，而这种跨越式发展对党的执政能力提出了巨大的挑战。从农村包围城市到领导城市发展，从武装斗争到发展经济，从计划经济到市场经济乃至互联网经济，社会经济生活越来越复杂多样，中国共产党的执政能力也需要大幅度提升，其中法治是过去30多年始终强调的重心所在。

由于适应现代社会的法治理论和法治模式最先产生于西方，中国的法治建设必然从学习和借鉴西方法治开始。由于西方法治概念背后乃是西方的政治体制和核心价值，因此，引入西方法治必然与中国本土的历史文化传统、核心价值观和政治体制有冲突。党的十八大之前，法治发展甚至出现了要求实行三权分立、两院制、司法独立、宪法司法化、多党竞争等以西方体制来推动中国法治建设的诉求。面对西方意识形态和政治发展道路的挑战，中国政府不断重申“不走改旗易帜的邪路”，重申不搞三权分立、两院制、司法独立和多党竞争之类的西方体制。党的十八大之后，党中央在思想意识形态领域开始“亮剑”，对国内流行的一些西方思想意识形态主张展开了批判。在法治领域，核心问题就在于如何处理党的领导和依法治国的关系，如何确立中国法治的模式和发展道路。

1. 党的领导与依法治国

2014年1月，中央政法工作会议召开。需要注意的是，此前每年召开的是“全国政法工作会议”，而这次直接称为“中央政法工作会议”，凸显了党对政法工作的领导地位。在这次会议上，习近平指出党既领导人民制定宪法法律，也领导人民执行宪法法律，要做到党领导立法、保证执法、带头守法。[①] 从中可以看到执政党在法治事业中的三重角色。其一，党要领导立法，这不仅体现在党在人大立法过程中发挥的重要作用，更在于党的方针政策对立法有指引作用；其二，党要保证执法，党不仅要领导政府和司法机关实施法律，其本身也要履行一定的职责，包括通过具体的规范性文件推动或指导法律的实施；其三，党要带头守法，这不仅要求党内的规范性文件不得与宪法、法律冲突，更强调党员除遵守法律外，应当遵守更加严格的党内法规。

在此基础上，2014 年 10 月召开的党的十八届四中全会是中央首次以“法治”为议题的全会。全会通过了《中共中央关于全面推进依法治国若干重大问题的决定》（以下简称《决定》），意味着“依法治国”作为一种治国理念和治理模式，被赋予了前所未有的实践价值和政治意义。这次会议明确提出了中国特色社会主义法治的发展道路，系统阐述了党的领导和依法治国的辩证关系，阐明了中国法治发展必须坚持的政治原则，即坚持中国共产党的领导，坚持人民主体地位，坚持法律面前人人平等，坚持依法治国和以德治国相结合，坚持从中国实际出发，特别强调要“汲取中华法律文化精华，借鉴国外法治有益经验，但绝不照搬外国法治理念和模式”。而在具体内容上，《决定》从立法、行政、司法、法治观念、法治工作队伍以及党对依法治国的领导等方面提出了许多改革措施，强化了宪法和法律的权威，强化了行政程序的意义，强化了司法独立审判和司法公正，强化了法律人才的专业化和职业化。法治中国建设的意义在于推进国家治理体系和治理能力的现代化，最终使中国特色社会主义制度更加成熟，更加完善，更加定型。因此，正确处理党的领导与依法治国的关系，不仅能够提升党的执政能力，同时也提高党的政治权威。如果和中央以往提出“党的领导、人民当家做主和依法治国三

① 孟建柱．新形势下政法工作的科学指南［N］．人民日报，2014－01－29.

者的有机统一”或“三个至上”（党的事业至上，人民利益至上和宪法法律至上）相比较，党的十八届四中全会一方面深化了党的领导和依法治国的辩证关系，另一方面又提出了一些全新的主张，其中最重要的有两方面：一是明确提出“依法治国和以德治国相结合”的原则，凸显道德的重要作用以及中国传统法律文化的现代意义。二是提出将党规党法纳入到国家法治体系之中，强调党规和国法并重，党规和国法相互协调。这些主张在中国法治发展的历史进程中无疑具有里程碑式的意义，对中国法治模式的形成发挥着积极的重要作用。

2. 党规与国法的二元结构

改革开放以来，法治建设的工作重点不断变化。20 世纪 80 年代到 90 年代是我国市场经济的萌芽期，在这一阶段，法律规范的完善成为首要目标。进入 21 世纪，双轨体制的弊端逐渐显现，腐败频发，权力寻租不断，法治建设开始关注公权力的规制问题，强调“把权力关进制度的笼子里”。但这两个阶段体现的法治观念始终以国家法为中心，而忽视了国家法之外的党规、政府公共政策以及种类繁多的民间习俗、道德规范。党的十八届四中全会通过的《决定》首次提出中国特色社会主义法治体系，将党的法规纳入到法治体系，形成党规与国法的二元结构。

党规党法之所以重要就在于中国共产党是国家执政党。党不仅领导着各级政府和部门、国企、事业单位，更是全国 8000 多万党员组成的先锋队，因此只有党中央坚持依法执政、加强党内法规制度建设、提高党员干部法治思维和办事能力，才能真正实现法治。正是在“依规治党”和“依法治国”的思路下，党中央逐渐加强了对党内法规体系的建设，不仅包括法规的完善，还包括保障法规实施的制度设计。

2014 年 11 月，中共中央发布《关于再废止和宣布失效一批党内法规和规范性文件的决定》，标志着从2012年开始的党内法规和规范性文件集中清理工作全部完成。这次清理在中华人民共和国成立以来尚属首次，具有深刻的政治意涵。通过整理党内法规，党中央废止取消了一批不合时宜的规范性文件，为改革提供了便利。更重要的是，通过清理剔除了与宪法、法律相冲突的党内规范，理顺了党规和国法的关系。这一清理工作实际是为党内法规与法律规范的对接与整合铺平了道路，为构建党规与国法的二元法治结构创造了条件。下大力气清理党内法规充分反映了法治理念的深刻转型，法治已不再是传统意义上的国家法律规范，而是包括党内法规在内的一整套更加多元的规范体系，这实际意味着党内自我治理的规范化、理性化。党内法规作为对执政党、领导者的制度性约束，相比国家法律拥有更积极的运作机制，相比社会道德具备更严厉的责任后果，其本身包含独特的政治属性。而党内法规又是法治建设的基础，因此党内法规体系成为整个法治体系非常重要的环节，并是其他子体系得以运转的前提条件。

（三）提升反腐的制度化水平

1. 纪检制度创新

从党的十八大以来，中央将反腐列为工作重心之一，其目的就在于透过反腐来打击愈演愈烈的地方主义、山头主义以及利益集团对执政党和政府决策层的渗透，从而净化党的有机体，树立党中央的政治权威。为此，中央始终坚持“苍蝇”“老虎”一起打。2014年，中央纪委宣布查处的“大老虎”包括原中央政治局常委、政法委书记周永康，原中央军委副主席徐才厚，原统战部部长令计划，第十二届全国政协原副主席苏荣，原解放军总后勤部副部长谷俊山等。中央这次反腐运动始终强调标本兼治，特别是用“打老虎”的治标之策为完善制度建设的治本之策赢得时间。2014年6月，中共中央政治局通过了《党的纪律检查体制改革实施方案》（以下简称《方案》），改革党的纪律检查体制，健全了反腐败领导体制和工作机制。该方案旨在解决三类具体问题：一是反腐败机构职能分散、形不成监督合力的问题；二是查办案件受地方和部门牵涉太多，有些案件难以坚决查办，腐败案件频发却责任追究不够的问题；三是同级监督忌讳多、一把手腐败不好管，压案不报、瞒案不查等现象时有发生的问题。为此，《方案》强调党委一把手要承担起反腐败的首要责任，以完善双重领导体制、派驻巡视制度为抓手，改革创新了纪律检查体制，强化党中央对地方党委和各部门党委的监督能力和控制能力。具体包括：

其一，完善双重领导的纪检体制。在中国共产党历史上，纪检工作领导体制大致经历了三个阶段的演变过程。第一阶段，与同级党委大致平行，即纪委对党的代表大会负责，这主要是在1949年之前；第二阶段，党委单一领导体制，时间大致在1949年至1982年之间；第三阶段，双重领导体制，1982年中共十二大通过的《中国共产党章程》规定，党的地方各级纪律检查委员会和基层纪律检查委员会在同级党委和上级纪律检查委员会双重领导下进行工作，这一原则延续至今。

长期以来，地方纪委接受同级党委和上级纪委双重领导的体制被指是“同体监督”，监督效果有限。特别在过去地方主义抬头的背景下，地方纪委主要受同级党委的领导，难以发挥中央监督地方、上级监督下级的作用。针对这个问题，中央对纪检领导体制进行了两项重要改革，一是“查办腐败案件以上级纪委领导为主，线索处置和案件查办在向同级党委报告的同时，必须向上级纪委报告”①，而非以前先向同级党委报告。上级纪委同时知情就会

① 钟纪安．改革查办腐败案件体制机制加大惩治腐败工作力度——查办腐败案件体制机制改革试点工作综述［N］．中国纪检监察报，2014－08－29.

对同级党委形成制约，防止压案不报、瞒案不报。二是“各级纪委书记、副书记的提名和考察以上级纪委会同组织部门为主”，[①] 这在很大程度上解决了“双重领导”下纪检监督不力问题，正式将纪委书记提名权从同级党委转移到上级纪委手中。

其二，派驻巡视制度的重大创新。一是“全面派驻”，以往中央纪委主要在政府部门派驻，今后中央纪委将实现党务、政府部门的全面派驻。二是巡视制度也将“做到对地方、部门、企事业单位全覆盖”，不留死角，发挥其“千里眼”功能。三是专项巡视常态化。中央巡视地方是中国治理的传统，对于完善吏治具有重要的积极意义。从汉朝建立刺史巡察制度以来，历朝历代都十分看重巡察制度。中华人民共和国成立之后，由于中央拥有强大的政治权威和行政治理能力，特别是党组织从地方到中央形成严密的网络，中央巡视作为一项制度失去了存在意义。但在改革开放背景下，各级地方政府和党委的自主权越来越大，中央往往难以掌握地方官员的状况，管控地方的成本越来越高，由此中央巡视制度开始形成。

2003 年中央纪委、中央组织部巡视组正式成立，设立 5 个巡视组，标志着巡视工作进入正式运作阶段，2009 年更名为中央巡视组。在 2013 年的两轮巡视中，巡视对象均为“地方 + 部属大学 + 部委 + 国企”这一混合形式。而 2014 年的巡视方式发生了变化：地方单独纳入常规巡视，其他部门和企事业单位纳入专项巡视。“常规巡视”通常在一个地区或一个单位巡视一次后，在 5 年内可能就不再巡视，这难免被一些地方或官员钻空子；而“专项巡视”的特点在于突出“问题导向”，针对特定问题、特定领域、特定人员开展巡视，哪个地区或单位问题多，就向该地区或单位派驻巡视组，没有定式，上

---

① 钟纪安．改革查办腐败案件体制机制加大惩治腐败工作力度——查办腐败案件体制机制改革试点工作综述［N］．中国纪检监察报，2014－08－29.

个月巡视过了，只要发现新问题，下一个月还可以再巡视。这种灵活机动的巡视方式，“摸不着、料不定”，形成强大威慑效应。“容易的、皆大欢喜的改革已经完成了，好吃的肉都吃掉了，剩下的都是难啃的硬骨头”,[①] 专项巡视是啃腐败这块“硬骨头”的一个关键。这些制度创新既坚持了党对反腐败工作的领导和党管干部的原则，又保证了纪委监督权的行使，从而优化了权力配置，加强了反腐能力，体现了党中央对传统治国智慧的借鉴，也再次展示了“把权力关进制度的笼子里”的政治理念。

2. 中央纪委的自我改革

中共中央纪律检查委员会是与中共中央委员会平级的党内领导机构。王岐山主政中央纪委后，分别于2013 年9 月和2014 年3 月进行了两次内部机构调整。在2014 年的第二次调整中，6 个内设机构整合为3 个，新增3 个内设机构，两个内设机构重新组建，机构总数和行政编制总数保持不变。内设机构改革的要点包括以下三方面。

其一，保持党内机构的定位。在干部室基础上组建了组织部，让监察干部的任免更具独立性；在宣传教育室基础上组建了宣传部，既契合了“中央纪委要面向全党讲话”的要求，又加强了中央纪委的信息公开。

其二，聚焦主业主责，专注反腐纠风。将办公厅、监察综合室整合为办公厅；将党风政风监督室与执法和效能监督室整合为党风政风监督室；将预防腐败室与外事局整合为国际合作局；新设两个纪检监察室，将原本由第一监察室负责的金融业单位转交第四监察室负责，国资委和中央企业等单位转交给第五监察室负责，体现了将中央企业、国有金融企业作为反腐重点的意图。通过对“非战斗”人员进行合并重组，中央纪委加强了查办案件的组织

① 杜尚泽，陈效卫．习近平接受俄罗斯电视台专访［N］．人民日报，2014－02－09.

力量，专注于监督执纪问责这一主要职能，使得主业部门数量和人员力量占比达到70%。

其三，新设纪检监察干部监督室，加强对纪委自身的监督，在某种程度上回应了对于纪委同体监督“灯下黑”的质疑和担忧。

（四）引领思想观念和价值导向

1. 鼓励人民导向的文艺创作

作为执政党，中国共产党始终强调引领思想观念的导向，凝聚社会核心价值。这不仅关系人心相背的问题，也事关文化领导权的问题。在70多年前，毛泽东发表了《在延安文艺座谈会议上的讲话》，阐述了文艺与革命以及政治的关系，提出了文艺为人民大众服务的原则主张，从而彰显了人民大众的主体地位，为中华人民共和国成立之后的文艺发展奠定了方向。然而，在改革开放、市场经济的大背景下，文艺发展受到了市场经济的驱动，开始服务于市场经济，文化的市场化和商业化导致了愈演愈烈的拜金主义倾向，严重腐蚀了社会的核心价值观念。鉴于文艺发挥着引导人心的政治功能，如果文艺单纯服务于市场主体，那很可能就背离了服务于人民大众的政治宗旨；如果商业利益集团掌握了文化领导权，那很可能会挑战党对文化的领导权。党的十八大之前，全球化的商业利益集团通过市场经济对文化的控制和引导，导致中国的文化领域不断宣扬西方价值观念和西方生活方式。党的十八大之后，中央虽然在思想意识形态中“亮剑”，但真正要解决这个问题关键还在于明确文艺发展的方向。这不仅涉及文艺、市场与政治的复杂关系，而且涉及中国的政治主体性问题，即中国的政治主体属于人民大众还是市场经济形成的新主体，这决定着中国政治的性质和发展方向。正是面对这个根本性问题，2014年10月，在习近平亲自提议下，中共中央再次举行高规格的文艺工作座谈会，习近平发表讲话，指出应当警惕当下文艺工作的功利化倾向，突出了文艺工作“为什么人”的问题，明确提出“社会主义文艺”“人民的文艺”；强调文艺工作必须坚持“为人民服务、为社会主义服务这个根本方向”，希望文艺创作传播当代中国价值观念、体现中华文化精神、反映中国人审美追求，从而以文艺的人民性、民族性、精神性和道德性来引领中国文化的发展方向。①

2. 推动媒体融合

在信息技术革新推动下，时效性强、直达受众个体的互联网新媒体形式向传统媒体发起了挑战。传统媒体虽然也有网站、微博等新形式，但其内容往往只是传统媒体的简单复制，不大符合互联网时代的受众习惯，这与“内容、渠道、平台、经营、管理等方面深度融合”的要求相距甚远。因此，党对思想观念的引领必须应对新媒体带来的挑战，充分利用新媒体提供的新的技术手段，推动传统媒体的互联网化。比如新华社的集成报道、人民日报的报网互动、中央人民广播电台的云终端、中央电视台的视频终端，以及在传统媒体的信息深度和新兴媒体的时效互动之间寻找平衡的上海报业集团“澎湃新闻”。在这些实验的基础上，2014 年 8 月 18 日，中央审议通过《关于推动传统媒体和新兴媒体融合发展的指导意见》，强调要遵循新闻传播规律和新兴媒体发展规律，强化互联网思维，着力打造一批形态多样、手段先进、具有竞争力的新型主流媒体，建成几家拥有强大实力和传播力、公信力、影响力的新型媒体集团，形成立体多样、融合发展的现代传播体系。这无疑凸显了中央对舆论引导、思想传播的重视，希望以新的技术手段来

① 认真学习宣传贯彻习近平总书记在文艺工作座谈会上的重要讲话精神［N］. 人民日报，2014－10－19.

提升引导舆论的能力。

3. 倡导社会主义核心价值观

核心价值观是一个民族、一个国家最持久、最深层的力量，承载着一个民族、一个国家的精神追求，体现着一个社会评判是非曲直的价值标准，也体现着民族认同感，在很大程度上决定着一个国家和民族的未来。中国传统儒家文化形成了一整套完善的核心价值体系，五四运动和中国革命塑造了一套社会主义价值观念，然而改革开放之后，西方价值观随着对外开放进入中国，从而引起中国核心价值观念的混乱。价值观念的混乱实际上也反映在举什么旗、走什么路上的混乱。因此，面对西方价值观念、政治制度和生活方式的冲击，中国共产党要坚持走中国特色社会主义道路，推进中国特色社会主义制度更加成熟、完善和定型，就必须提出一套统领道路、制度和理论的核心价值观念。2014 年是五四运动 95 周年，习近平视察了北京大学，并在师生座谈会上的讲话中以社会主义核心价值观为切入点，强调"国无德不兴，人无德不立。如果一个民族、一个国家没有共同的核心价值观，莫衷一是，行无依归，那这个民族、这个国家就无法前进"。他进一步指出，实现中国梦，必须增强道路自信、理论自信、制度自信，而这"三个自信"最终需要以对核心价值观的认定做支撑。他在讲话重申党的十八大以来中央倡导"富强、民主、文明、和谐、自由、平等、公正、法治、爱国、敬业、诚信、友善"的社会主义核心价值观，是从国家、社会、个人三个层面界定了当下中国的核心价值和精神追求。尽管如此，他在讲话中主要阐述中国古典文化传统中的核心价值观念。在此基础上，针对高校中越来越流行的科研功利化、思想西方化倾向，他提出"大学是一个研究学问、探索真理的地方"，要"扎根中国大地办大学"，不要把北大办成第二个哈佛和剑桥，而是要办成“第一个北大”。①

2014 年 12 月 28 日至 29 日，第二十三次全国高等学校党的建设工作会议在京召开。习近平强调，加强党对高校的领导，加强和改进高校党的建设，是办好中国特色社会主义大学的根本保证。办好中国特色社会主义大学，要坚持立德树人，把培育和践行社会主义核心价值观融入教书育人全过程；强化思想引领，牢牢把握高校意识形态工作领导权；坚持和完善党委领导下的校长负责制，不断改革和完善高校体制机制；全面推进党的建设各项工作，有效发挥基层党组织战斗堡垒作用和共产党员先锋模范作用。②

社会主义核心价值观是文化建设的灵魂。改革开放以来，中国在实践中逐步形成了有中国特色的文化发展观，从邓小平强调经济建设和精神文明建设“两手都要抓，两手都要硬”，到江泽民提出中国共产党始终代表中国先进文化的前进方向，再到胡锦涛提出大力推动社会主义文化发展大繁荣。而新一届中央政府执政后，多次强调文明和核心价值观的重要性，可以看出新一届中央领导集体对文化教育的重视，最重要的是不断推动复兴中华文明的核心价值观念。

二、新常态下中国经济的可持续发展

过去几十年里，在丰富而廉价的劳动力基础上，凭借行之有效的投资、出口等途径，顺应世界产业转移的浪潮，中国经济实现了高速增长，GDP（国内生产总值）总量跃居全球第二，成为“世界工厂”，创造了为世人瞩目的“中国速度”。然而，近年来，特别是 2008 年全球金融危机后，中国

---

① 徐京跃，霍小光．青年要自觉践行社会主义核心价值观，与祖国和人民同行　努力创造精彩人生［N］．人民日报，2014－05－05.

② 董洪亮．坚持立德树人思想引领，加强改进高校党建工作［N］．人民日报，2014－12－30.

也受到全球经济不景气的影响，维持高速增长愈发艰难。2013 年以来，中国不断调整经济指标，试图降低外界特别是民众对经济发展的预期，将经济增速控制在合理区间。

中国是否仍然需要保持高速的经济增长？质量是否已经取代速度？这成为更为迫切的问题。新一届中央领导集体对这些问题的回答更为坦率干脆。2014 年 5 月，习近平在河南考察时强调“我国发展仍处于重要战略机遇期，我们要增强信心，从当前我国经济发展的阶段性特征出发，适应新常态，保持战略上的平常心态”。① 何为“新常态”？简单来说，就是中国经济将不再保持以往的高速增长，转而追求战略结构的调整，由快转稳，这将成为今后中国经济的主流趋势。在 2014 年 12 月召开的中央经济工作会议上，中央进一步对新常态进行了阐述，并指出新常态下的中国经济呈现出中高速增长、发展方式转变、结构深度调整、发展动力转向四大基本特征，表明我国经济正在向形态更高级、分工更复杂、结构更合理的阶段演化。

可以说，新常态这一宏观经济管理新思路既注重底线管理，也讲求战略定力，意味着中国决策者对经济放缓的容忍度将提高，宏观调控也将放眼长远，不再纠缠于一城一池的得失。从政策布局来看，新一届中央政府也着力通过深化改革，调整政府管制与市场调节的边界，进一步释放市场活力，进而实现新常态所追求的经济结构转型的战略意图。

（一）政府—市场关系再调试

1. 谁来主导资源配置

2014 年的政府工作报告以经济问题为主线，在经济理论、调控手段、引

---

① 深化改革发挥优势创新思路统筹兼顾，确保经济持续健康发展社会和谐稳定［N］. 人民日报，2014－05－11.

擎部署等方面全面体现了中国政府的新经济思路。其中，宏观调控的创新关键在于处理好政府与市场的关系，即约束政府行为，释放市场活力。报告将改革列为首要任务，而简政放权又是改革的首要任务，在报告中，要求再取消和下放的行政审批事项达到200项以上，明确表达了新一届政府在改革攻坚期和深水区所释放出的改革决心和背水一战的执政气概。整个体制改革，包括行政体制改革、财税体制改革、金融体制改革、所有制改革、社会保障改革等，主导思想就是要削弱政府的主导作用，推动政府行政职能的转变。与此同时，报告也强调充分释放市场活力以推动全面深化改革，让市场在资源配置中起决定性作用，破除制约市场主体活力和要素优化配置的障碍，让全社会的创造潜力充分释放，让公平正义得以彰显，让全体人民共享改革发展成果。

2. 促进市场公平

2014年6月，国务院印发了《关于促进市场公平竞争维护市场正常秩序的若干意见》（以下简称《意见》），强调当前经济改革的核心就是通过简政放权，充分发挥市场在资源配置中的决定性作用，促进市场公平竞争和维护市场正常秩序。同时，还要更好地发挥政府作用，坚持运用法治思维和法治方式履行市场监管职能，推进市场监管制度化、规范化、程序化，建设法治化市场环境。坚持这两个基本原则，就是要发挥好市场“看不见的手”和政府“看得见的手”的作用，努力形成市场作用和政府作用有机统一、相互协调的格局，实现市场竞争效益和政府监管效益的双赢。

通过完备的监管体制为市场制造更公平的自由竞争空间，成为贯穿本次《意见》的核心与特点。在探索政府与市场的关系中，公平成为市场健康发展所追求的价值目标之一。党的十八大以来，中央多次强调转变政府职能，充分发挥市场在资源配置中的决定性作用。但是，政府放权并不意味着政府彻底放手不管，而是要创新监管、放管结合、建立信用机制，营造公平竞争的市场环境。在此定位下的简政放权，恰恰是要以良性市场和更优的监管代替过去政府对资源的直接支配，兼顾效益最大化和效率最优化。

3. 简政放权

党的十八大以来，新一届政府一直把简政放权当作政府全面深化改革的“先手棋”和宏观调控的“当头炮”。2014 年国务院召开了 40 次常务会议，其中有 21 次常务会议强调要简政放权。国务院取消下放 7 批共 632 项行政审批等事项；修订政府核准的投资项目目录，需报国务院部门核准的企业投资项目减少 60% 左右；减少行政事业性收费，每年减轻企业和个人负担约 100 亿元。这些举措激发了市场、地方和社会的创造活力，经济社会发展的内生动力明显增强。但在简政放权的深入推进过程中仍存在诸多瓶颈，首先，一些部门和个人囿于审批环节的寻租利益，往往会选择延迟执行和落实削减政策。其次，部分管理人员工作能力退化，难免会出现“一放就乱、一管就死”的现象。同时，纸面的改革举措离现实的改革红利有一定距离，现实中还可能会出现机制与部门衔接不畅、多头管理、推诿扯皮等问题。

对于上述隐忧，国务院在一系列常务会议中做了针对性的安排。一是实行五个“一律”，厘清政府市场边界，压缩寻租空间，推动相关政策落地，更大程度方便企业投资；二是允许企业自主选择中介服务，充分尊重企业自主经营权。行政机关委托开展的中介服务，要通过竞争方式选择，并由行政机关支付费用；三是推行前置审批与项目核准“并联”办理，同一部门实施的多个审批，实行一次受理、一并办理。这种方式有助于促进部门间的协作，提高审批效率，增进政府服务水平。四是强化事中事后监管，建设信息共享、覆盖全国的投资项目在线审批监管平台，实现网上办理、审批和监管，使政府从前置审批中腾出精力，开展更为有效的全程联动式管理，化解放权与监管间的两难问题。

（二）寻找中国经济新的增长点

虽然中国经济发展进入新常态，但是促进经济增长始终是政府的着眼点。无论是新技术革命，还是中国创造，都需要有增长点，而这方面首先来自科学技术水平的突破，来自企业在市场中的探索，但也不能忽视政府的引导力量。不同于计划经济时代，在市场经济条件下，政府主要通过对一些行业、产业引导以及为企业创新提供良好的政策环境来鼓励企业创新，寻找中国经济新的增长点。

1. 发展生产性服务业

2014 年，李克强在不同场合多次提及生产性服务业的重要性。2014 年 8 月，国务院常务会议印发了《关于加快发展生产性服务业促进产业结构调整升级的指导意见》（以下简称《意见》），对生产性服务业做出全面部署。

生产性服务业包括交通运输、仓储和邮政业、信息传输、计算机服务和软件业及商务服务业等，尽管其本身并不向消费者提供直接的、独立的服务，但却贯穿整个产业链，已经成为发达国家的支柱产业和拉动经济增长的核心引擎。然而，我国生产性服务业的发展在现阶段仍然面临诸多问题，例如，由于缺乏高水平生产性服务业的支撑而造成的传统制造业升级困难；生产性服务机构改制不彻底，限制保护和封闭式垄断经营现象严重；跨国制造和外商服务之间形成外部供需循环，本土企业被排斥在外等。

加快现代服务业尤其是生产性服务业的发展、推进工业主导向服务业主导的转变，是我国经济转型升级的大趋势。国务院在上述《意见》中明确了促进生产性服务业发展的主要措施。其一，鼓励社会资本参与发展生产性服务业，特别是高附加值生产性服务业。其二，采用生产性服务业的先进理念和模式，如推广融资租赁、鼓励服务外包等，建立公开、平等、规范的市场机制。其三，放宽生产性服务业的市场准入，减少前置审批和资质认定项目，简化境外投资审批程序，提高便利化程度，以提升我国企业的竞争力。

2. 从“中国制造”到“中国创造”

党的十八大提出实施创新驱动发展战略，实现从投资驱动型国家向创新驱动型国家转变。长期以来，中国制造业缺乏自主创新能力，成为制约经济进一步发展的瓶颈问题。“科技实力决定国家民族命运”①，发展科技，实现“中国制造”向“中国创造”的转变，是中国经济转型和可持续发展的重中之重。因此，国务院决定分制度、资金、人才三个层次，五个方面扶持科技服务业发展。

其一，有序放开市场准入，发挥市场机制作用，引导社会资本积极参与，支持合伙制、有限合伙制科技服务企业发展。其二，积极推进重点实验室、大型科技仪器中心等公共技术平台建设，向社会开放服务。其三，加大财税支持力度，对认定为高新技术企业的科技服务企业，减按15%的税率征收企业所得税。其四，改革创新投融资体制，建立多元化资金投入体系，发挥财政资金的杠杆作用，积极探索以政府购买服务、后补助等方式支持公共科技服务发展。其五，加强人才引进和培养，强化国际交流合作。

创新能力不仅是某个领域的问题，也不仅是某个行业的任务，其发展需要国家层面的政策安排。推动科技创新，必须从国家层面下好服务先行的“先手棋”，打掉阻碍科技创新的“拦路虎”，让科技创新主体“舒筋骨”，探索符合中国现实的科技创新之路。

---

① 习近平在中国科学院第十七次院士大会、中国工程院第十二次院士大会上的讲话［N］. 人民日报，2014-06-10.

3. 助力小微企业发展

经济下行必然带来就业难题，而解决就业就需要推动小微企业的发展。小微企业一直是中国经济发展的重要力量。据2014年国家工商总局发布的《全国小微企业发展报告》，我国现有小微企业1000多万家，其创造的最终产品和服务值相当于我国GDP总量的60%，占国家纳税总额的50%，解决了1.5亿人的就业问题，在抵御经济下行压力，带动大众创业、万众创新等方面发挥了重要作用。但当前小微企业的发展仍面临一些问题，包括审批门槛较高、经营风险较大以及融资困难等。

为此，国务院部署进一步扶持小微企业发展，释放出简政放权促发展的政策信号，推动大众创业、鼓励万众创新。第一，在行政方面，进一步加大简政放权力度，加快清理不必要的证照和资质、资格审批，为小微企业降门槛、除障碍。第二，在财政方面，对部分小微企业暂时免征增值税、营业税，对吸纳就业困难人员就业的小微企业给予社会保险补贴，免费提供技能培训、市场开拓等服务。第三，在法律方面，进一步健全法律规范，为市场竞争中的小微企业提供可预见性的规范指南，为小微企业的发展创设良好的司法环境。第四，在技术方面，加大服务小微企业的信息系统建设，方便企业获得政策信息，运用大数据、云计算等技术提供更有效的服务。

但是，要真正促进小微企业发展，还需政府部门与小微企业相互配合，形成合力，促进政策在实践中落地，使小微企业在多元、平衡的商业生态系统中蓬勃发展，帮助小微企业赢得“大未来”。

三、城乡统筹发展

中华人民共和国成立之初，面对底子薄、国力弱、资金有限以及帝国主义封锁包围的基本国情，为了能尽快站稳脚跟、巩固政权，中央采取了加速实现国家工业化和重工业优先发展的战略选择。通过带有倾向性的制度安排，保证广大农村和农业发展对工业和城市的长期支持，使得有限的资源得以优先配置到国家最需要的领域和地区。改革开放之后，中央为实施现代化赶超战略、深化改革和稳定城市，再次选择了工业、沿海地区和城市优先的改革发展战略，使得工业与农业、城市与农村、市民与农民等产业关系、社会结构日益扭曲，城乡二元社会的分离、对立、差距和不平衡发展逐步扩大。

2013 年 11 月，习近平在党的十八届三中全会上作《关于〈中共中央关于全面深化改革若干重大问题的决定〉的说明》时指出："城乡发展不平衡不协调，是我国经济社会发展存在的突出矛盾，是全面建成小康社会、加快推进社会主义现代化必须解决的重大问题。改革开放以来，我国农村面貌发生了翻天覆地的变化。但是，城乡二元结构没有根本改变，城乡发展差距不断拉大趋势没有根本扭转。根本解决这些问题，必须推进城乡发展一体化。"① 党的十八届三中全会通过的《中共中央关于全面深化改革若干重大问题的决定》明确做出了"城乡二元结构是制约城乡发展一体化的主要障碍"的判断，并提出"必须健全体制机制，形成以工促农、以城带乡、工农互惠、城乡一体的新型工农城乡关系，让广大农民平等参与现代化进程、共同分享现代化成果"。②

"三农问题""工业反哺农业""城乡协调发展"已经成为当下治理体系的重要部分。大规模的城市化和工业化深入发展亟需大量劳动力，引发

① 习近平．关于《中共中央关于全面深化改革若干重大问题的决定》的说明［N］．人民日报，2013－11－16.

② 习近平．关于《中共中央关于全面深化改革若干重大问题的决定》的说明［N］．人民日报，2013－11－16.

了农民进城务工潮。城市人口急剧膨胀，城市公共建设和公共服务水平也随之提速，但过快的城镇化进程导致农村地区出现耕地流失、农地撂荒、土地权益纠纷增加、留守老人妇女儿童数量庞大、农村环境污染、乡村风气恶化等社会问题。这些问题的解决都不是小事，尤其需要认真思考中国城镇化进程如何统筹城乡发展，如何安顿农民和市民的物质生活和精神生活。

（一）首要目标是保障粮食安全

2013 年 12 月，中央农村工作会议指出，“中国要强，农业必须强；中国要美，农村必须美；中国要富，农民必须富”。[①] 2014 年 1 月，中共中央、国务院印发《关于全面深化农村改革加快推进农业现代化的若干意见》，这是中央一号文件连续 11 年聚焦“三农”问题。2014 年的中央一号文件将“三农”问题的关键词定位为“改革”和“现代化”。之所以强调改革的重要性，主要在于：其一，当前经济社会发展正处于转型期，农村改革发展面临的环境更加复杂、困难挑战增多；其二，工业化信息化城镇化快速发展对同步推进农业现代化的要求更为紧迫，保障粮食等重要农产品供给与资源环境承载能力的矛盾日益尖锐；其三，党的十八大和十八届三中全会要求全面深化改革，破除体制机制弊端，农业农村的改革事业需要推向前进，尤其要维护农业基础地位，推进农业现代化。

从 2014 年的中央一号文件来看，今后一个时期的“三农”事业将把保障粮食安全作为首要战略目标。在此基础上，从加大金融支持力度和放宽市场管理限制两个层面促进农业快速发展，并主动参与国际竞争，加快实施农业“走出去”战略。

---

① 中央农村工作会议在北京举行［N］. 人民日报，2013－12－25.

（二）金融服务“三农”

解决“三农”问题离不开有力的金融服务支撑。目前，农村金融的发展远远滞后于城市，农村金融已经成为我国金融体系中最为薄弱的环节，加快农村金融发展具有很强的现实紧迫性。为此，2014 年 4 月，国务院下发《关于金融服务“三农”发展的若干意见》（以下简称《意见》），直接针对“三农”的“融资难”与“融资贵”，解决农村金融领域的供给问题，被视为“改革开放以来金融扶农品种最齐、考虑最细、涵盖领域最广的一次政策大释放”①。

一方面，解决涉农资金的供给不足问题。从资金供给渠道看，优化农村商业银行、农村发展银行和农业银行的支农功能，培育农业产业投资基金、农业私募股权投资基金和农业科技创业投资基金等市场主体，从而丰富农村金融服务主体；从资金供给量看，加大涉农资金投放，降低农村融资成本。

另一方面，解决农村金融服务方式的供给不足问题。长期以来，农村金融服务手段匮乏导致农民难于得到合适的金融服务。通过推行通俗易懂的合同文本，进一步简化金融服务手续，优化金融机构网店布局，开展金融服务“村村通”工程，有助于降低农民涉足金融的门槛，提升农村基础金融服务的覆盖面和质量。

值得注意的是，在政策实施过程中，农村本身信用体系的缺失是其面临的重大障碍，解决这一问题，既要努力改善农村整体的信用状况，也要提升个体农民的信用水平。需要继续组织开展信用户、信用村、信用乡创建活动，加强征信宣传教育，提高农村整体信用水平。《意见》提出，要创新农村抵（质）押担保方式。长期以来，农民承包经营土地及农民住房抵押担保权能的缺失导致“三农”的价值没有得到真正体现。创新农村抵（质）押担保方式将有助于农业

---

① 泉水泱．定向金融改革打造农业新“钱景”［OL］．中新网．2014－04－24.

资产、农民资产的货币化与市场化，提升个体农民的财产权利，提高其信用水平。

由于改革涉及土地这一核心问题，如何构筑真正服务于“三农”的信用体系、金融体系，如何约束资本的逐利性与农村社会对公共生活的强烈需求，仍然需要审慎对待。

（三）刹车激进的农村改革

在城市的市场化改革基本完成的背景下，不少人主张在农村也要开展激进的市场化改革，其中最重要的是主张促进土地流转，甚至主张土地私有化，取消户籍制度，前者可以为资本扩张找到新的途径，后者可以释放出更多的廉价劳动力。截至 2014 年 6 月底，全国农村承包耕地流转面积达 3.8 亿亩，占总面积的 28.8%。发达地区的土地流转比例更高，如苏州市 90% 以上的承包耕地实现流转，促进农地流转似乎是大势所趋。

然而在我国，农地不仅具有生产功能，同时也具有社会保障功能。在农村人口数量庞大而农村社会保障体系尚不健全的情况下，土地的社会保障功能更显重要。推动土地流转一定要注意保障农民权益，不能造成农民失地，影响社会稳定。此外，土地流转后，谁来种地、如何种地又是一个问题。究竟是长期维持中国的城市—农村二元结构，还是取消农村实现全面的城镇化，始终是伴随中国改革发展的争论。新一届政府在城镇化的问题上从开始的急速发展态势慢慢转向探索稳妥的发展道路。

2014 年 11 月发布的《关于引导农村土地经营权有序流转 发展农业适度规模经营的意见》强调继续发挥家庭经营的基础性作用，同时发展适合企业化经营的现代种养业，但特别强调对工商资本下乡的风险管控。《国家新型城镇化规划（2014—2020 年）》也强调以人为本，推进以人为核心的城镇化建设，把加快发展中小城市作为优化城镇结构的主攻方向，实现农业转移人口市民化，推进户籍改革工作，将农业转移人口积极纳入城镇教育、医疗、就业、住房等配套系统中，而不是简单的城镇人口比例增长和城市面积扩张。福建晋江的新型城镇化模式也因此受到了广泛关注。

与此同时，《国务院关于进一步推进户籍制度改革的意见》所启动的全国户籍制度改革，要求取消农业户口与非农业户口性质区分以及由此衍生的蓝印户口等户口类型，统一登记为居民户口，建立与统一城乡户口登记制度相适应的教育、卫生计生、就业、社保、住房、土地及人口统计制度，其总体思路也是稳妥推进，逐步迈向基本公共服务的均等化。

四、大国治理：区域战略与边疆政策

中国是一个超大型国家，幅员辽阔，人口众多，政府层级多，中央—地方关系、省以下各级政府关系、基层政府等各层级关系都非常复杂，各地之间的区位、资源、经济发展水平和风俗文化等差异都很大。因此，国家在体制的安排上就采取省、自治区、直辖市以及“一国两制”下的特别行政区等多种治理模式。这就意味着任何国家政策都不可能一刀切，往往需要因地因时制宜，具体问题具体分析。而从区域地理和区域经济的角度看，中国的长期发展已经形成了东部、中部和大西北递进的发展格局，因此，在区域发展布局中，中央始终有意识地利用区域地理和区域经济的优势，通过点线布局来带动整个面上的发展。

如果说东部和中部的发展主要着眼于区域经济和社会的发展，那么边疆的发展则面临更为复杂的问题。其中不仅仅有经济和社会发展的问题，而且有更为复杂的宗教、族群和文化等问题。在全球化的背景下，中国的发展已经融入全球发展的格局中，一方面，资本主义全面扩张加速了中国经济的发展，使得中国成为全球化的受益者；另一方面，全球化所带来的族群认同、宗教冲突也困扰着中国。特别是伴随着中国以及其他新兴市场国家比如金砖国家的崛起，美国主导的国际秩序出现了前所未有的紧张局面。正是在地缘政治的影响下，以美国为首的西方国家在“重返亚太”的背景下，在中央治理相对薄弱的边疆地区和特别行政区，利用宗教、族群等问题挑起事端，特别是干涉香港政制发展问题，以达到压制中国发展的目的。

面对这种地缘政治博弈格局，无论在边疆地区还是在高度自治的特别行政区，中央采取的立场和政策也一改过往的相对温和而日趋强硬，以展现中国政府捍卫国家主权和国家统一的意志和决心。在政治上强硬的同时，中央在经济上采取舒缓的政策，加大对这些地区的支持力度，推动这些地区的经济发展及其与内地的经济整合，特别是按照“一带一路”倡议，重新定位边疆地区包括港澳地区在国家发展战略格局中的地位。然而，中央过往单纯依靠经济治理边疆的战略也日益显现出其局限，边疆的宗教、族群和政治文化冲突并不能完全依赖经济发展来解决，若没有相应的政治和文化战略，单方面的经济整合反而会导致或激化宗教、族群和政治文化的冲突。以香港为例，中央对香港的种种经济让利，并没有转化成港人对中国内地的认同，相反，赴港旅游或生产的内地居民的大量增加，反而导致两地居民在日常生活中的摩擦加剧，并在一定程度上激发了部分香港居民的本土主义情绪。同样，边疆经济发展导致内地居民大量涌入边疆，使得内地居民与边疆少数族群在宗教信仰、生活方式等方面的差异和冲突凸显。因此，中央治理边疆的政治战略亟须从经济层面提升到文化层面，这无疑涉及中国共产党如何代表先进的文化，如何领导文化，不是把文化当作经济发展的手段，而是把文化作为重构中国人核心价值观、重构中国人生活方式的手段。

（一）特色各异的区域战略

1. 京津冀协同发展

在中国经济快速发展的同时，环境问题也日益严重，而导致这个问题的制度性因素之一就是各省甚至各市、各县之间的经济竞争格局。每个省、市和县都追求 GDP 的发展指标，而环境问题成为无人关注的“公地”。因此，要解决环境问题，必须由中央打破这种过度竞争格局，推动区域协调发展。北京作为国家的首都，常常被雾霾天气侵袭，治理难以取得突破性进展。正是在这种背景下，新一届政府推出了京津冀协同发展战略。2014 年，习近平主持召开京津冀协调工作会议，由中共中央政治局常委、国务院副总理张高丽担任领导小组组长来推动京津冀协同发展。其主要目的有三：一是协调京津冀区域发展，消除环境污染源，促进经济增长。二是解决北京大城市病，让北京放下沉重包袱，剥离北京的非首都功能。三是加快河北地区的发展，尽快让其摆脱相对落后局面。

从国外经验来看，伦敦、巴黎、纽约、东京等一大批国际大城市，在其漫长的工业化和城市化道路中，卫星城的规划和建设实践始终伴随着中心城市的扩张进程，不仅大大降低了这些城市由城市病带来的城市衰落的可能性，而且围绕着中心城市呈现出城市集群式的“大都市圈”，实现了区域竞争力的整体性增强。然而，北京有其特殊性，比如如何打破户籍制度的约束，调整附着在户籍制度上的教育、医疗等社会福利，如何调整行政区划不同带来的财政、税收政策等，这些也是各地在城镇化过程中所面临的普遍问题。从这个意义上看，京津冀协同发展的经验教训或可为我国其他区域的统筹发展提供借鉴。

2. 上海自贸区实验一周年

中国改革的成功经验就是按照实验主义的思路，通过设立特区进行新的政策试点，从而不断评估、完善、修改相关政策，最终形成成熟有效的政策。党的十八大之后，中央开启了新一轮的改革开放政策，尤其是削弱政府管制、激发市场活力成为新一轮改革的总体目标，而 2013 年 9 月设立的上海自贸区成为普遍寄予厚望的试验田，尤其希望借此在金融领域做出有益的探索。一年后，自贸区做了三大工作：一是探索负面清单管理模式。2014版负面清单从2013版的190条减少到139条，调整率达26.8%。二是深化贸易监管制度创新。在国际贸易“单一窗口”“先进区、后报关”等政策利好下，2014年1～8月上海自贸区内进出口同比增长11%；据企业测算物流仓储成本平均降低10%，平均通关时间缩短3～4天。三是深化金融制度创新。87家有金融牌照的金融机构入驻自贸区，黄金“国际板”正式挂牌，“沪港通”推出，外界极为关注的自由贸易账户体系也在逐步准备、评估和建立中。

然而，自贸区“一片繁荣”背后的问题也不容忽视。上海自贸区的负面清单管理较之发达国家还存在涵盖面过大、分类不清等问题。金融改革方面，企业态度的高涨与实际政策低迷之间存在难以协调的尴尬处境。因此，理性看待自贸区改革尤为必要。作为国际变局催生的产物，自贸区本质上是国家自上而下的改革意志所推动的，与实体经济自下而上的运行需求存在落差。因此，自贸区的发展不能操之过急，应以长远眼光寻找“可复制、可推广”的经验，而非急功近利地将其看作优惠政策的集中地。

3. 长江经济带上升为国家战略

长江历来被称为黄金水道，其地位和价值不言而喻。更为重要的是，长江经济带范围涵盖上海、江苏、浙江、安徽、江西、湖北、湖南、重庆、四川、云南和贵州9省2市，是“两横三纵”的国家主体功能区。2014年3月，李克强在十二届全国人大二次会议首次提出，要依托黄金水道，发展长江经济带。4月28日，李克强在重庆主持召开区域经济发展座谈会，进一步指出长江经济带要为中国经济持续发展提供重要支撑。[①] 6 月 5 日，国务院常务会议正式部署建设综合立体交通走廊，通过发挥黄金水道独特优势，打造长江经济带。通过建设长江经济带，可以将原本分散发展的长三角、长江中游城市群和成渝经济区三个板块的产业和基础设施连接起来，促进产业有序转移衔接、优化升级和新型城镇集聚发展，直接带动超过 1/5 国土、约 6 亿人的地区大发展。这一战略本身反映了中国经济发展“由东向西、由沿海向内地，沿大江大河和陆路交通干线推进梯度发展”的新战略布局。

4. 广东加快产业转型升级

作为改革开放的排头兵，广东近年来的发展可谓并不尽如人意。随着劳动力成本的上升，原有的加工贸易等劳动密集型产业开始向内陆转移，高端制造业的发展却并未跟进。同时，江苏、山东等地的发展势头异常迅猛，大有赶超之势，而广东的改革步伐却一直较为迟缓。中央政府推动全面深化改革，而广东却没有太大动作。随着上海自由贸易区的成立、首都经济圈的启动，广东无疑承受着压力。对这个全国经济第一大省而言，当务之急就是如何完成巨大体量的更新换代，这也是国家层面改革面临的一个大课题。

2014 年 5 月，广东召开产业转型升级大会并通过《关于进一步加快产业转型升级 抢占经济制高点的指导意见》，试图在产业升级方面有所作为。该《意见》主要围绕推动产业向价值链高端发展这一条主线，突出金融、科技、总部经济三个重点，把握新业态培育、制造业高端化、专业批发市场转型三个抓手，强化产业平台、开放合作和营商环境的支撑。从早年“三来一补”的初级加工制造业，到后来的制造业、服务业并重，再到如今以高新技术、

---

① 李克强．依托黄金水道建设长江经济带，立足改革开放谋划发展新棋局［N］．人民日报，2014－04－29.

服务业为主导的现代产业体系，这条产业升级道路如果能够成功，对整个经济转型无疑具有重要的示范意义。

（二）边疆治理

我国少数民族大聚居的地区大多位于边疆，近年来境内外动荡因素一直存在，民族问题与恐怖主义、分离主义交织在一起，错综复杂。民族地区的团结稳定，关乎国家发展的大局。2014 年 7 月，中央政治局常委 8 人次到地方调研，其中 4 人次选择在少数民族地区，分别是内蒙古、青海、宁夏、甘肃。其中仅内蒙古一地，2014 年就有 4 位常委 5 次前往调研，可见高层对边疆地区的重视程度。

1. 新疆治理思路的调整

新疆地处欧亚大陆的地理中心，是多元文明和民族融合的中心地带，在“丝绸之路经济带”的建设中具有不可替代的地位和作用。与此同时，新疆周边环境复杂，中亚、西亚伊斯兰极端势力频频渗透，经济社会发展相对滞后，民族、宗教矛盾渐趋增多。这些因素对新疆稳定造成不小的威胁。2010 年，中央第一次新疆工作座谈会确立了推进新疆跨越式发展和长治久安两大历史任务。2014 年中央把“社会稳定和长治久安”放在首要地位，将政治目标摆在首位，发动干部群众齐上阵的“人民反恐斗争”，坚决打击恐怖主义活动，同时也把增加就业、发展教育等经济和社会政策作为配套措施。2014 年恰逢新疆生产建设兵团成立 60 周年，中央希望兵团在事关根本、基础、长远的问题上发力，希望兵团真正成为安边固疆的稳定器、凝聚各族群众的大熔炉、先进生产力和先进文化的示范区。尤为重要的是壮大南疆兵团力量，按照中央和新疆的统一布局，兵团将在南疆加大布点建设力度，组建一批兵团新城，以相互嵌入的社会结构和社区环境为努力方向的基本结构，为发挥民族大熔炉功能确立支点。

2. 加快改善西藏交通状况

从60年前的川藏、青藏公路建成，到青藏铁路的贯通，再到如今世界高海拔特长铁路隧道——青藏铁路西宁至格尔木增建二线新关角隧道的全线通车，中国一直在青藏高原上创造中国乃至世界交通建设史上的纪录。在自然条件如此艰苦的地区，投入巨大资源发展交通，体现了中央对西藏发展的重视。西藏已建成青藏铁路、五个机场以及20条国省道干线公路、74条专用公路和众多农村公路，人均占有铁路里程居全国首位。国家对西藏交通建设的重视缘于多方面的考虑。一方面，交通基础设施的落后造成西藏地区自然资源开发受限，阻碍了西藏与内地及周边国家的交流，导致西藏地区社会经济长期落后，与东部地区差距巨大，西藏交通的发展对改变青藏高原贫困落后面貌，促进西藏经济社会发展具有广泛而深远的影响；另一方面，西藏地处中国西南边陲，与印度、巴基斯坦等国接壤，地理位置十分重要，地缘政治意义极其重大，交通线的建设和完善对边疆稳定和国防安全意义非凡。新关角隧道的全线贯通将极大地提高中国的军事机动及后勤供给能力，也将密切西藏与内陆省份及周边国家的联系，深刻影响南亚次大陆的地缘战略形势。

3. 构建黑龙江“东丝路带”

东部陆海丝绸之路经济带（以下简称“东丝路带”），是国家丝绸之路经济带的重要组成部分，是对国家“一带一路”倡议的丰富和完善。根据规划，“东丝路带”主要是打造以“绥芬河—满洲里—俄罗斯—欧洲”铁路和“绥芬河—俄远东港口”陆海联运为主的战略通道，该通道不仅要运输黑龙江和东北其他地区的货，还将目标瞄准了我国长三角、珠三角、京津冀地区往俄罗斯方向的货流，甚至辐射到全国东部大部分地区，市场前景广阔。

从2013年习近平提出建设“一带一路”倡议以来，全国多个省市表达了希望抓住机遇、加入此规划、缩短地区差异、迫切提升开放水平的强烈愿望。黑龙江地处东北亚腹地，具有良好的基础条件，但黑龙江的经济增长一直徘徊在全国末尾，即使被纳入国家振兴东北老工业基地战略，其经济发展也起色不大。对黑龙江而言，在“一带一路”倡议构想下的“东丝路带”，或许有助于其打通外接俄罗斯、内联国内腹地、面向东北亚、通达欧美的国际贸易大通道，拉近黑龙江与国际市场特别是俄日韩欧市场的距离，变区位劣势为发展优势，从交通末梢、贸易死角变成开放型经济前沿和我国经济新的增长极，实现老工业基地的振兴。

五、奋发有为的新型外交

2013年中央成立国家安全委员会，2014年习近平主席提出“总体安全观”①，标志着中国从更高的战略层面思考国家安全形势，全面统筹处理国内国际两个大局所涉及的各类安全事务。近年来，以美国为首的西方国家“另起炉灶”，试图绕开中国搞跨太平洋伙伴关系协定（TPP）②，切断中国与世界市场的联系，压缩中国的战略发展空间。同时，随着中国综合实力与日俱增，西方提出的“中国威胁论”甚嚣尘上，围绕南海诸岛及其海域主权归属的争端愈演愈烈，中国面临着严峻的国际形势。

---

① 习近平．积极树立亚洲安全观，共创安全合作新局面［N］．人民日报，2014－05－22.

② 跨太平洋伙伴关系协定（Trans-Pacific Partnership Agreement，TPP），其前身是跨太平洋战略经济伙伴关系协定（Trans-Pacific Strategic Economic Partnership Agreement），是由亚太经济合作会议成员国中的新西兰、新加坡、智利和文莱四国发起，从2002年开始酝酿的一组多边关系的自由贸易协定，原名亚太自由贸易区，旨在促进亚太地区的贸易自由化。

新一届政府执政以来，一改“韬光养晦”的战略方针，更积极地参与区域秩序和世界格局的重塑。2014 年，中国的国际战略重点是“立足亚洲，发展周边”，进而走向世界。为此，中国提出了“全球伙伴关系网络”“亚太梦”“亚洲安全观”等外交新思路，围绕“一带一路”倡议启动丝路基金、筹办亚洲基础设施投资银行，并通过谈判与不少国家签订了自由贸易协定，与周边国家、亚非拉国家共建“利益共同体”“责任共同体”和“命运共同体”。一方面，这些思路和措施是面对美国“遏制中国”而采取的反制措施；另一方面，这套新的国际关系理念超越了美国推动的对抗冲突的“冷战”思维，尝试建立合作共赢的新型国际关系，而这种国际理念也正是中国传统儒家天下观念的题中应有之义。从立足亚洲的“一带一路”构想到合作共赢的亚洲观及亚太观，中国实际上正在力图重返世界历史舞台，恢复在亚洲的中心地位，这必然与美国在亚洲的霸权利益形成冲突，从而让亚洲成为未来的中美关系乃至全球格局变化的支点。

（一）“一带一路”撬动内外

作为新一届政府最为醒目的中长期发展构想，“一带一路”肩负着撬动国内、国际两个市场的重任。陆海复合型的地理特征，决定了中国无论在经济上还是安全上都需要兼顾陆地和海洋两个因素。“丝绸之路经济带”建设从中国联通中亚各国，并逐步辐射中东欧、西欧、西亚、北非等更多地区。“21 世纪海上丝绸之路”则首先以中国和东南亚国家为合作主体，以中国—东盟自贸区为基础打造命运共同体，将来延伸至印度洋、中东、非洲和地中海地区国家。

此外，“一带一路”也将带来中国内部政治经济的调整，解决东、中、西部在政治经济社会发展上的地区差异。这一倡议紧扣中国的区域发展战略、新型城镇化战略和对外开放战略。沿海城市可以借此加强开放程度和发展水平，中西部地区可以借此加强基础设施建设，扩大与周边国家的沟通，从而获得新的发展动力。

（二）构建新型亚洲共同体

麦金德在其名著《历史的地理枢纽》中指出：谁能控制亚洲，谁就能主宰世界。正在和平衰落的美国，以亚洲为桥头堡重返亚太，旨在遏制中国的崛起，延续自己的全球霸权地位。中国的和平崛起，需要广阔的战略腹地，消化美国的强大压力。因此，推动亚洲区域外交，结成亚洲利益共同体、形成亚洲命运共同体、打造亚洲责任共同体，对于中国而言具有新的战略意义。

亚洲是当今世界最具发展活力和潜力的地区之一，是世界经济复苏和增长的重要引擎。与此同时，亚洲经济体也正面临一系列重大挑战，一些国家出现经济增速下滑、发展后劲不足等问题，改善民生任务依然艰巨。然而，越是在经济全球化背景下，亚洲各国的发展越不可能独善其身，不能搞你输我赢的“零和博弈”，而是需要你中有我、我中有你的互利合作，当前的亚洲比任何时候都需要团结一致。中国提出亚洲新型共同体构想，符合“包容、合作、和平、发展”这一针对亚洲各国的政策基线。中国政府又借助博鳌亚洲论坛等平台，将亚洲各国的合作从分散国家间的合作引向亚洲共同体语境下的区域合作，巧妙地向亚洲各国传达了亚洲一体化的理念，显示了中国带领亚洲发展、促进亚洲繁荣的大国担当。

（三）“亚太梦”布局全球

亚太地区作为世界经济发展的重要引擎，其大市场轮廓已初步成形，区域内各国经济联系日益密切。但亚太国家的构成较为复杂，发展程度和贫富悬殊较大，因此合作仍然有很强的碎片化特征。中国在 2014 年 11 月 APEC 峰会上向全体与会者倡议“共筑亚太梦”①，就是为了尝试整合这样一个超级地区，显示了中国不局限于亚太经济发展，而是“立足亚太、面向全球”的战略目标。

21 世纪将是亚太世纪，是中国实现伟大复兴的世纪。在崛起的过程中，中国必须思考自己需要怎样的亚太和世界，而亚太和世界又需要怎样的中国。“亚太梦”的提出，是中国结合历史与现实、自身与国际，对上述重大问题的判断与思考，也是中国全球战略布局的最新表述。

（四）打造中非合作升级版

作为世界上最大的发展中国家和最大的发展中大陆，中国和非洲一直都是休戚与共的命运共同体，在国际舞台上长期保持着良好的合作关系。自 20 世纪五六十年代起，中非领导人就一直在为共同开启中非关系新纪元而努力。今天的中非合作不再是冷战时期“穷帮穷”的南南合作，而是中非各自发展阶段的梯次承接，预示着中非合作在中国的全球战略中仍然具有非常重要的地位。

（五）打造中拉命运共同体

拉美是美国的“后院”，其他国家很难插手。新一届政府执政以来，中国在拉美地区也多有作为。习近平出访拉美时提出构建“1 + 3 + 6”合作新框架，即在《中国与拉美和加勒比国家合作规划（2015—2019）》下，以贸易、投资、金融合作为动力，重点在能源资源、基础设施建设、农业、制造业、科技创新、信息技术六大领域开展合作，推进中拉产业对接和更深入的互利

① 习近平．共建面向未来的亚太伙伴关系［N］．人民日报，2014 - 11 - 12.

合作[①]。中巴“全面战略伙伴关系”已经迈向“命运共同体”，中阿、中委关系提升为“全面战略伙伴关系”，中古发展关系的“三个坚定不移”得到重申，中—拉共同体论坛创设，中拉关系实现了从双边到多边的历史性突破。随着中拉关系的稳步提升，中拉之间“你中有我、我中有你”的命运共同体初步形成，世界政治经济秩序正在发生巨大变化。

① 习近平．努力构建携手共进的命运共同体［N］．人民日报，2014－07－19.

第二部分

中国发展动态月度报告

（2014）

1月　中国深化改革全面启动

全面深化改革领导小组成形

中央一号文件持续关注“三农”问题

中央推行党政领导干部选任新机制

中央纪委推进纪检体制改革创新

新一轮财税体制改革稳步推进

各地积极贯彻中央改革精神

全面深化改革领导小组成形

2014年1月22日，中央全面深化改革领导小组第一次会议在习近平主持下召开。会议决定在中央全面深化改革领导小组下设6个专项小组，并审议通过了6个专项小组名单，以及领导小组、各专项小组与领导小组办公室的工作规则（细则），同时听取了各地区各部门贯彻落实党的十八届三中全会精神进展情况，研究了领导小组近期工作。早在党的十八大召开之前，各界曾呼吁恢复当年的国家经济体制改革委员会（以下简称“体改委”）。然而，无论是早期的体改委，还是后来在国务院机构改革中由体改委与国家发展计划委员会合并而来的国家发展和改革委员会（发改委），都着力于经济体制改革这一维度，不适合现在全面深化改革的总体布局。

2013年11月召开的党的十八届三中全会决定“中央成立全面深化改革领导小组，负责改革总体设计、统筹协调、整体推进、督促落实”。此次会议则确定了中央全面深化改革领导小组的人员组成、机构设置、工作方法等一系列事项。中央全面深化改革领导小组由习近平任组长，李克强、刘云山、张高丽任副组长；下设6个专项小组和领导小组办公室。主要任务是：统一部署全国性重大改革，研究确定经济体制、政治体制、文化体制、社会体制、生态文明体制和党的建设制度等方面改革的重大原则、方针政策、总体方案，统筹协调处理全局性、长远性、跨地区跨部门的重大改革问题，并负责指导、推动、督促中央有关重大改革政策措施的组织落实，以把党的十八届三中全会提出的各项改革举措落实到位。四项工作抓手分别是统筹、方案、落实、调研。

第一，从人员构成看，中央全面深化改革领导小组共有4位中央政治局常委，规格之高在目前中央所有小组当中绝无仅有，即便是中央国家安全委员会，也只有3位中央政治局常委担任领导。此外，中央全面深化改革领导小组成员之中还有19位党和国家领导人，总计23位领导人担任该小组成员，亦属前所未有。成员涵盖了中共中央、全国人大、国务院、全国政协、中央军委以及两高等各大系统。结合其主要职责，可以看出，小组不仅是议事机构，还是决策机构、执行机构和监督机构，四位一体，集中了实质决策权，有利于提高执行效率，减少中间纠缠。

第二，统筹权力掌握在最高领导人手中，打破了过去常委与其主管领域的条线关系。在过去的中央政治局常委集体领导体制下，每个常委各管一块，一来权力太大，缺乏有效制约；二来缺乏大局观念，以自己分管的部门为重，缺乏统筹，很容易走向部门主义。现在中央全面深化改革领导小组组长和中央国家安全委员会主席都是习近平，李克强担任副组长和副主席，掌握统筹权力，实现了权力的适度集中，有助于打破条块分割，统筹全局。

第三，党的十八届三中全会提出要统筹推进“经济、政治、社会、文化、生态”五位一体总体布局，此次的6个专项小组则有所调整。经济体制与生态体制改革合并为一个小组；政治体制改革变为民主法制领域改革，此“法制”非彼“法治”，或许意味着改革将聚焦于基层民主建设和政法系统重建；单独设置纪律检查体制改革专项小组，凸显中央反腐的决心和力度。

同时，习近平要求各省区市要尽快建立省一级的全面深化改革领导小组，有关部委的改革责任机制也要尽快建立起来，并同中央全面深化改革领导小组形成联系机制。①

（文/吴双）

中央一号文件持续关注“三农”问题

中共中央、国务院于1月中旬印发《关于全面深化农村改革 加快推进农业现代化的若干意见》。至此，中央一号文件已经连续11年聚焦“三农”问题。2014年的中央一号文件表明了新一届政府在“三农”领域深化改革、推进现代化的决心和具体部署。“三农”问题始终是关系中国社会经济发展全局的根本问题。“三农”问题解决得当，经济发展才能拥有强大动力，社会稳定才能具备坚实支撑；如果“三农”问题无法得到妥善解决，中国的经济社会发展将遭遇瓶颈制约。② 2013年12月召开的中央农村工作会议就指出，“中国要强，农业必须强；中国要美，农村必须美；中国要富，农民必须富”。③

2014年的中央一号文件将“三农”问题的关键词定位为“改革”和“现代化”，之所以强调改革的重要性，主要在于：第一，当前经济社会发展正处在转型期，农村改革发展面临的环境更加复杂、困难挑战增多；第二，工业化信息化城镇化快速发展对同步推进农业现代化的要求更为紧迫，保障粮食等重要农产品供给与资源环境承载能力的矛盾日益尖锐；第三，党的十八大和十八届三中全会要求深化改革开放，破除体制机制弊端，农业农村的改革

---

① 把握大局审时度势统筹兼顾科学实施，坚定不移朝着全面深化改革目标前进［N］. 人民日报，2014-01-23.

② 顾益康，邵峰. 全面推进城乡一体化改革——新时期解决“三农”问题的根本出路［J］. 中国农村经济，2003（1）.

③ 中央农村工作会议在北京举行［N］. 人民日报，2013-12-25.

事业需要推向前进，尤其要维护农业基础地位，推进农业现代化。

根据中央一号文件的精神，深化农村改革，推进农业现代化，将主要从8个方面着手：（1）完善国家粮食安全保障体系；（2）强化农业支持保护制度；（3）建立农业可持续发展长效机制；（4）深化农村土地制度改革；（5）构建新型农业经营体系；（6）加快农村金融制度创新；（7）健全城乡发展一体化体制机制；（8）改善乡村治理机制。事实上，2013年12月召开的中央农村工作会议已经就上述举措形成了统一的意见。2014年中央一号文件提出的措施是对中央农村工作会议精神的贯彻和落实。

从中央一号文件就深化农村改革和推进农业现代化所做出的具体部署来看，今后一个时期的“三农”事业有5个方面的鲜明主题。

第一，保障国家安全，构建粮食安全战略，完善国家粮食安全保障体系。首先，构建新形势下的国家粮食安全战略，实施以我为主、立足国内、确保产能、适度进口、科技支撑的国家粮食安全战略。这一战略的核心，是立足国内基本解决人民的吃饭问题。① 其次，强化农产品质量和食品安全监管。这说明重视粮食数量的同时，需要更加注重品质和质量安全。再者，完善粮食等重要农产品的价格形成机制。这将有利于切实保证农民收益，充分调动亿万农民种粮的积极性。

第二，实现“四化同步”，建设现代农业，加快推进农业现代化进程。② 首先，加快发展现代种业和农业机械化。其次，加快农村金融制度创新，充分重视农民贷款难、农村金融服务不足的问题。中央一号文件充分强调农村

① 张冬科，张征，高云才．“饿肚子”岁月不能忘（政策解读·关注一号文件①）［N］．人民日报，2014－01－20.

② 党的十八大报告《坚定不移沿着中国特色社会主义道路前进 为全面建成小康社会而奋斗》提出“四化同步”。“四化”即农业现代化、工业化、信息化和城镇化，“四化同步”的本质是“四化”互动，是一个整体系统。

金融是我国现代金融体系建设的重要组成部分，在实现农业现代化过程中具有极其重要的地位和不可或缺的作用。①

第三，完善市场经济体制，深化农村改革，不断完善农村经营制度。首先，鼓励农户流转土地经营权。中央一号文件把经营权从承包经营权中分离出来，实现了理论和实践的一次重大突破，意图是在维护农户土地承包权长久不变的基础上，为实现适度规模经营开拓发展空间。② 其次，扶持新型农业经营主体。中央一号文件的举措将为新型主体成长营造良好的政策环境，促进它们尽快与作为基础的农户家庭经营共同构筑立体式的经营结构。此外，中央一号文件首次提出，在落实农村土地集体所有权的基础上，稳定农户承包权、放活土地经营权，允许承包土地的经营权向金融机构抵押融资。这是深化我国农村经济体制改革的一大创新。③

第四，参与国际竞争，合理利用国际农产品市场，加快实施农业“走出去”战略。首先，制定重要农产品国际贸易战略。其次，保障进口农产品质量安全和国内产业安全。再次，加快实施农业“走出去”战略。最后，为农业参与国际竞争创造良好的保障条件。

第五，推进生态文明建设，强化农业资源保护和建设，实现农业可持续发展。首先，注重农业资源永续利用。中央一号文件的提法表明中央的战略决策着眼中华民族未来发展、为子孙后代留下生存发展空间。④ 其次，促进生

---

① 陈剑波，罗丹，朱隽．破解“三农”贷款难（政策解读·关注一号文件⑤）［N］．人民日报，2014－01－24.

② 吴宏耀，张建军，何予平，顾仲阳．广袤田野谁来耕耘（政策解读·关注一号文件②）［N］．人民日报，2014－01－21.

③ 赵阳，杨尚勤，陈仁泽．农村土地改革不能一哄而起（政策解读·关注一号文件④）［N］．人民日报，2014－01－23.

④ 祝卫东，陈良彪，冯华．让我们的水土“喘口气”（政策解读·关注一号文件③）［N］．人民日报，2014－01－22.

态友好型农业发展。中央一号文件提出抓紧划定生态保护红线，强化监督考核和激励约束，推广先进技术。今后的农业发展方向将以生态友好型农业为主线。最后，开展农业资源休养生息试点。

当然，在深化农村改革和推进农业现代化的同时，要坚守制度“底线”。中央一号文件强调，农村土地农民集体所有必须坚持，农村基本经营制度仍要坚守，耕地红线也不能动摇。党的十八届三中全会通过的《中共中央关于全面深化改革若干重大问题的决定》明确提出了一系列农村改革的任务和举措，其中以赋予农民更多权利和利益、推进城乡发展一体化为主线。2014 年中央一号文件所做出的部署延续了上述主线的要求。在 2014 年及今后一个时期，中央一号文件有望助推农业农村在体制机制创新上取得新突破，在现代农业发展上取得新成就。

（文/冯源）

中央推行党政领导干部选任新机制

1 月 15 日，中共中央印发《党政领导干部选拔任用工作条例》（以下简称《条例》），并发出通知，要求各地区各部门结合实际认真遵照执行。修订后的《条例》在 2002 年《条例》的基础上，吸收了近年来干部人事制度改革的新经验新成果，根据新形势新任务对干部选拔任用制度进行了改进完善，尤其是对于公众议论较多的现实问题做了有针对性的回应，对新时期新形势下的党员干部提出了新的要求，是新阶段做好党政领导干部选拔任用工作的基本原则，也是从源头上预防和治理选人用人不正之风的有力武器。

《条例》在保持原有框架和内容总体稳定的基础上，对“裸官”、“跑官”、“火箭升官”等一系列新的社会热点问题做出了针对性的制度规范，以积极回应民意诉求。其一，干部任用选拔彻底剔除“裸官”“跑官”。《条例》明确规定，不得列为考察对象的情形包括：配偶已移居国（境）外；或者没有配偶，子女均已移居国（境）外的；有跑官、拉票行为的。将“裸官”及“跑官”者从考察对象中直接排除，成为一种制度化的规范和防范。其二，逐级提拔有效遏制“火箭升官”。《条例》明确要求，党政领导干部应当逐级提拔，特别优秀或者工作特殊需要的干部，可以突破任职资格规定或者越级提拔担任领导职务，但破格提拔干部必须从严掌握。“逐级提拔”和“破格从严”的双层制度设计为“火箭升官”扎紧了制度篱笆。其三，禁考察禁升官强力阻断“带病提拔”。《条例》明确指出，对于干部考察，受到组织处理或者党纪政纪处分影响使用的，不得列入考察对象；引咎辞职、责令辞职和因问责被免职的党政领导干部，一年内不得安排职务，两年内不得担任高于原任职务层次的职务。同时受到党纪政纪处分的，按照影响期长的规定执行。“带病提拔”也同样有了“受处理处分官员禁列考察对象”以及“引咎辞职官员两年内禁升官”的双重针对性措施。由此，对于新形势下新问题的严加规范，反映出中央在党的建设上从组织到纪检全方位的与时俱进，表明中央“用制度管权管事管人”的决心和信心。

修订后的《条例》，在对即时性问题做出积极性制度安排的基础上，更是通过设定原则性规定对新时期新形势的党员尤其是干部提出新的要求，以深化政治伦理意识。一是坚持党管干部原则，强调党领导干部选拔任用工作，在原则标准和程序方法等多方面，都要体现党组织的主体地位和主导作用，如新增“动议”一章以突出党组织在选拔任用初始环节的领导和把关作用；规定考察对象由党组织集体研究确定，防止简单以票取人、以分取人；严格监督检查，充实“十不准”纪律要求等。二是坚持好干部标准，树立科学发展、以德为先、注重基层的用人导向，把人岗相适、重视一贯表现等要求贯穿到干部选拔任用工作的全过程。中央多次强调，什么样的人该用，什么样的人重用，都要把德放在首位；全国组织工作会议也明确提出“信念坚定、为民服务、勤政务实、敢于担当、清正廉洁”的好干部标准。而修订后的《条例》鲜明地将好干部标准写进总则第一条，并提出了相应要求，如完善选任干部的基本条件和资格，突出考察内容中的好干部标准，拓宽干部选拔的来源渠道。三是坚持从严管理干部，在严格标准条件、规范选拔程序的基础上，进一步严明选拔任用纪律、强化责任追究，对党组织、领导干部和选拔对象提出了更严格的要求。如实行党政领导干部选拔任用工作责任追究制度，明确将党委（党组）领导成员、组织（人事）部门和纪检监察机关有关领导成员以及其他直接责任人列为连带责任对象。

《条例》是新一届中央领导集体在实践中总结经验，探索规律，推进干部制度建设的重要成果。它的修订，与新一届中央领导集体所提出的共圆中国梦、确立八项规定、坚持群众路线等理念一脉相承，是一项立足于加强中国共产党执政的合法性，重塑党和政府形象的系统化工程；反之，这一系列新政的推行和实施又需要党员干部来推动，因此对干部素质提出了更高的要求。干部的选拔任用在强调民主推荐和民主测评的同时，亦不能唯票取人、唯分取人。修订后的《条例》坚持发扬民主，把民主推荐作为选拔任用的必经程序，坚持了民主推荐中行之有效的基本程序、方法，并根据新的实践经验做了进一步丰富完善，既对民主推荐做出了选拔任用“重要参考”的合理定位，又对民主推荐方法及推荐人员范围做出了优化改进，同时更明确强调要把民主推荐情况与人选的德才素质、一贯表现和工作需要等进行综合分析。以上制度设计在发挥挡住民意较差干部的“门槛”作用的同时，亦起到了正确集中民意、提高民主质量的作用，使得干部的政治素质得到了强力保障，也使得党的理念得到了有效贯彻。当然，尽管有了《条例》这一理论层面的制度性文件，若要切实得到实践层面的真正回应，还需要各地区各部门的后续执行和实施，并逐步丰富和调整理论内涵，实现政策文件的因地制宜，逐层落实。

（文/俞莎莎）

中央纪委推进纪检体制改革创新

1月13日至15日，中国共产党第十八届中央纪律检查委员会第三次全体会议在北京举行。王岐山代表中央纪委常委会作了名为《聚焦中心任务，创新体制机制，深入推进党风廉政建设和反腐败斗争》的工作报告。会议总结了2013年党风廉政建设和反腐败工作，部署了2014年党风廉政建设和反腐败工作的主要任务。2014年，中央纪委将在继续纠正“四风”、从严惩治腐败、强化纪检队伍的同时，大力推进纪检体制机制改革创新。

2013年，根据党的十八大的总体部署，中央纪委对腐败挥出“重拳”，坚持“苍蝇”“老虎”一起打，有效遏制住了愈演愈烈的腐败趋势，恢复了广大人民群众对反腐斗争的信心。然而腐败不是一日形成的，靠“重拳”严打，只能治标，若要治本，还需建立健全相应的反腐机制，破除阻碍反腐的一切障碍。当前，体制障碍是反腐的最大障碍。针对反腐的新需要，会议决定改革创新纪律检查体制，重点从改革党的纪律检查工作双重领导体制、纪检监察派驻巡视制度着手。

在改革党的纪律检查工作双重领导体制方面，做到“两个为主”：一是查办腐败案件以上级纪委领导为主，线索处置和案件查办在向同级党委报告的同时必须向上级纪委报告。掌握案件线索和查办腐败案件是反腐败工作的重点内容，是反腐败威慑力的关键所在。按照先前规定，地方纪委如果发现本地重大案件线索或者查办重大腐败案件，都必须先向同级党委报告，在得到主要领导同意后才能进行初核或查处。这样就给压案不报和瞒案不报提供了可能和机会，有的腐败分子就利用这种不成文的习惯做法逃脱了惩罚。如果案件线索处置和查办必须同时向上级纪委报告，上级纪委同时知情，那么就会对地方党委形成制约，在体制上解决了压案不报和瞒案不报的问题，有利于推动查处腐败案件，打击腐败犯罪。

二是各级纪委书记、副书记的提名和考察以上级纪委会同组织部门为主。长期以来，地方纪委接受同级党委和上级纪委双重领导的体制被指是“同体监督”，监督效果有限。纪委书记、副书记是一级纪委的主要领导，此次改革，他们的提名和考察以上级纪委会同组织部门为主，可以在很大程度上解决“双重领导”下纪检监督不力的问题，从而正式将纪委书记提名权限制度化。

在纪检监察派驻巡视制度方面，会议要求“全面落实中央纪委向中央一级党和国家机关派驻纪检机构，实行统一名称、统一管理”。此举是党内监督机制的重大创新，这项改革包括三个方面：一是全面派驻。原来中央纪委主要在政府部门设置派驻机构，在党务部门基本上没有设置派驻机构。今后，中央纪委向中央和国家机关都要派驻纪检机构。二是派驻机构对派出机关负责。三是各项工作保障由驻在单位负责，工作经费应列入驻在单位预算。其次，会议要求“改进中央和省区市巡视制度，做到对地方、部门、企事业单位全覆盖”。巡视制度过去并没有做到全覆盖，基本上是各级党委或者主要的政府部门来实施，这次提出做到党政机关企事业单位全覆盖，意味着巡视不留死角，要更好地发挥巡视制度在惩贪反腐上的“千里眼”作用，发现更多的腐败线索，揪出更多的“老虎”，拍到更多的“苍蝇”。

纪检双重领导体制的改革创新，实现了权力配置的优化与反腐能力的加强，既坚持了党对反腐败工作的领导和党管干部的原则，又保证了纪委监督权的行使，有利于加大反腐败工作力度。进一步改革、完善派驻巡视制度，既体现了党对古人治国智慧的传承与借鉴，又体现了党“把权力关进制度的笼子里”的执政理念。不受制约和监督的权力是最易被滥用和产生腐败的。派驻制度和巡视制度是党在新时期反腐斗争中的又一次制度创新，将会进一步约束权力，在不断深化的过程中成为遏制腐败的一剂良药。

然而中央对中央纪委体制改革的用意，不只在于反腐。从党的十八大以来中央权力架构来看，中央政法委书记不再由中央政治局常委担任，中央纪委的权力在反腐中得到增强。从“两个为主”可以看出，中央进一步纵向集权，而派驻制度和巡视制度的“全覆盖”，更是横向加强了党的权力。一横一纵，显示出党对干部的进一步约束，对党内秩序的进一步协调。只有管好党员，严肃党纪，全面深化改革的战略目标才能够深入下去。在反腐败的同时，改革党的权力分布体系，加强顶层设计，才能确保党对全局的控制；在反腐败的同时，纯洁党员队伍，凝聚改革共识，上下形成合力，才能打破坚冰，冲破利益集团的封锁，全面深化改革。

（文/杨煜超）

新一轮财税体制改革稳步推进

财税体制是反映政府与市场、政府与社会、中央与地方关系的重要制度，影响着社会政治经济的各个方面。我国现行的财税体制基于1994年的分税制改革。1994年的分税制改革不仅奠定了现有的中央与地方总体财税分配格局，也成为支撑近20年中国经济快速发展的最重要制度之一。但是，随着社会经济的发展，现有的财税体制已经不能完全适应合理划分中央和地方事权、完善国家治理的客观要求，《中共中央关于全面深化改革若干重大问题的决定》

（以下简称《决定》）认为，财政是国家治理的基础和重要支柱。这一定位不仅将财税制度视为国家宏观调控的重要工具，更将其上升到关系国家长治久安的重要地位。

现有的财税体制主要面临以下几大问题：第一，预算管理制度有待改进。在强调收支平衡的预算审批制度下，经济的波动导致税收征管出现问题，影响税收作为宏观调控工具的准确性，在不合理的预算管理制度下，软预算约束成为普遍现象；第二，税收制度需要进一步完善。长期以来，税收充盈财政收入的作用被过分强调，而作为优化资源配置的工具性作用却没有得到应有的重视，不合理的税制在一定程度上导致资源要素的错配，阻碍了社会主义市场经济的发展；第三，事权与支出责任不匹配。分税制改革以来，中央与地方的财政收入分配关系已经基本厘清，但是中央和地方政府的事权和支出责任划分却依然不清晰、不合理、不规范。

根据党的十八届三中全会精神，新一轮财税体制改革将主要围绕上述问题展开。从目前的情况看，改革税制是本轮财税体制改革的切入口，尤其是营业税改增值税，已经成为新时期改革的重头戏。通过“营改增”，改变对货物和服务分别征收增值税和营业税的税收制度，将有利于形成完整的增值税抵扣链条，有利于实现结构性减税的目标，有利于我国的税制更趋完善，有利于转变经济发展方式，也有利于体现税收中性作用，更好地发挥市场在资源配置中的决定性作用。从目前上海等多地的实践来看，“营改增”工作已经初见成效，结构性减税效果显著。而资源税从价计征改革、环境保护费改税将有利于向资源节约型和环境友好型社会迈出实质性步伐，完善个人所得税征管配套措施、房产税立法也将成为新一轮改革周期完善税制的重要方面。

其次，要改进预算管理制度。通过审核预算的重点由平衡状态、赤字规模向支出预算和政策拓展，实现财政收入的性质由任务变成预期，避免预算执行中的“顺周期”问题[①]；通过建立跨年度预算平衡机制，包括建立跨年度弥补超预算赤字的机制和中长期重大事项科学论证机制，提高财政政策的前瞻性和财政可持续性。总而言之，科学的预算管理制度有助于监督权力运行和建设更加廉洁、透明的政府，实现向现代预算国家过渡的目标，以改进预算管理为抓手的中央与地方债务管理及风险预警机制也有助于化解当下的政府债务风险。

再次，要建立事权和支出责任相适应的制度。在保持现有中央与地方财力格局总体稳定的前提下，调整中央与地方在事权与支出责任上的关系成为理顺中央与地方财税关系的重点。根据《决定》精神，中央与地方在事权上将做出如下的安排：适度加强中央事权和支出责任，国防、外交、国家安全、关系全国统一市场规则和管理等作为中央事权；部分社会保障、跨区域重大项目建设维护等作为中央和地方共同事权；区域性公共服务作为地方事权。中央和地方将按照上述事权划分相应承担和分担支出责任。事权和支出责任相适应的制度，不仅有利于各级政府优势互补、分工合作，充分发挥各级政府职能，也有利于降低政府成本、提高政府效能和执行力，更可以解决长期以来政府间相互推诿责任的困境，从而全面提高政府效能。

当然，财税体制改革是一项浩大的系统工程，它需要调和各方矛盾。总体而言，财税体制改革必然面临以下两对矛盾：一是政府与市场的矛盾，二是中央与地方的矛盾。一次成功的财税体制改革必须在更好地发挥政府作用的同时充分发挥市场在资源配置中的决定性作用，在提高中央宏观调控能力的同时充分发挥地方的积极性与主动性。具体而言，本轮财税体制改革也将

---

① 比如当经济比较热的时候，完成收入任务比较容易，财税部门会倾向于少收点，民间的钱多了，经济就会越热；当经济比较冷的时候，完成任务不容易，财税部门为了完成任务就倾向于多收，民间的钱少了，经济就会更冷。参见李丽辉，吴秋余．房产税：交易减 保有增［N］．人民日报，2013－11－21.

面临各种难题。如“营改增”之后，确立地方政府的主体税种依然亟待一个总体方案；跨年度预算打破预算收支平衡后必须严防腐败的发生；为确立地方政府在事权与支出权上的相对独立性，必须有可操作的制度保障。

实践证明，科学、合理的财税体制将极大地促进政治、经济、社会的全面发展。党的十八届三中全会强调，经济改革的核心问题是处理好政府和市场的关系，使市场在资源配置中起决定性作用和更好发挥政府作用。这其中，新一轮的财税体制改革无疑担纲了重要的使命。能否建立完善税收制度、科学的预算管理体系、事权和支出责任相适应的制度，将在很大程度上决定全面深化改革事业的成败。

（文/何鼎鼎）

各地积极贯彻中央改革精神

1 月 14 日以来，省级地方“两会”密集召开，“改革”以前所未有的频率和力度贯穿始终，成为地方“两会”的关键词。截至 1 月 23 日，在全国已召开地方“两会”的 28 个省所发布的工作报告中，平均每份报告提及改革约 50 次，主要集中在政府职能改革和经济体制改革两大领域。

党的十八届三中全会定调全面深化改革，表明新一届中央领导集体在未来 10 年推动改革的决心，但是中央的政策需要地方的积极贯彻方可实现。从地方“两会”的工作报告等材料可以看出我国中央与地方关系的许多特点。

一方面，中央深化改革的决议提出宏观规划，推动地方改革。党的十八届三中全会后，全面深化改革成为中国的最强音，会议审议通过的《中共中央关于全面深化改革若干重大问题的决定》（以下简称《决定》），对经济、政治、文化、社会、生态文明、国防和军队等诸多方面提出了许多重大改革举措。与过去相比，2014 年地方“两会”上确立的改革领域更为广泛，政府职能转变、经济体制改革、财税体制改革、农村改革、土地管理制度改革，各地纷纷以党的十八届三中全会的改革蓝本因地制宜，全面深化改革。

另一方面，地方提出改革具体措施，呼应《决定》，让改革的理想照进现实。《决定》为我们呈现出“点、线、面相结合，多层次、全方位”的改革路线图，在各地的政府工作报告中，对《决定》进行细化，并因地制宜提出切实可行的方案。仅以政府职能转变为例，各省提出压缩“三公”经费、推行政府权力清单、健全监督制度等措施，北京要求严格控制机构编制，上海最大限度减少审批和行政事业性收费，让权力在阳光下运行，努力把该放的权放到位，把该管的事管住管好。

在 2014 年这样一个“全面深化改革元年”，直面问题、推行改革，成为全国各地“两会”的主旋律，在以下几个方面尤为突出。

第一，简政放权，建立政府权力清单，推进政府自身改革。在地方政府工作报告中，各省对政府自身的改革进行了细化。广东提出推进行政审批、财政预决算、“三公”经费公开；上海从“自贸试验区”的角度提出改革的核心是政府行政管理职能的转变；湖北在工作报告中明确提出要大力推进依法行政，实行权力清单制度，健全对权力运行的制约和监督机制。

第二，推动新型城镇化，凸显因地制宜特色，消除城乡二元差异。承袭党的十八大报告中提出的“要坚持走中国特色新型城镇化道路”，地方“两会”至少有 26 个省份提到了“推进新型城镇化”，并提出了加快户籍改革、推进城市群建设、推动中小城镇发展等颇具地域特色的城镇化发展战略。发展规划注重因地制宜，大城市严格控制城市人口规模，如北京采用居住证制度实施户籍改革，上海严格落实以积分制为主体的居住证制度；城镇布局趋于优化，进一步完善公共服务，落实以人为本的城镇化。新型城镇化道路有助于打破城乡之间和城市内部的二元结构，整体提高城乡居民生活质量。

第三，调降 GDP 增速，注重增长效益，弱化投资增长目标。在各地政府工作报告中，大部分省份降低了 GDP 增长预期目标，同时下调了当年的全社会固定资产投资增长目标。全国范围的雾霾天气使得防治“大气污染”成为各省政府工作报告的重要内容，铁腕治霾跨区域合作渐成趋势。GDP 不再是衡量经济发展水平的唯一标准，生态文明成为重要考量因素。结合当前发展实际做出科学决策，有利于优化地方产业结构，彻底转变经济发展方式。

统而观之，地方政府工作报告以不同的方式贯彻落实中央的《决定》，结合地方特色提出较为具体的改革措施与方案，以成立全面深化改革领导小组的方式，在经济体制和生态文明体制改革、民主法制领域改革、文化体制改革、社会体制改革、党的建设制度改革、纪律检查体制改革等方面贯彻落实了《决定》，此举意味着改革要踏踏实实落到实处，拥有共同的目标，充分发挥中央的领导作用，促进地方一切有利于改革的资源充分涌流，以改革释放发展红利，是各地政府工作报告实现全面深化改革的题中应有之义。

（文/蔡森）

2月　“一带一路”擘画蓝图

“一带一路”开创跨区域经济合作新模式

国家划定生态保护红线

中央着力打造网络强国

国务院全面推进城乡居民大病保险试点

“一带一路”开创跨区域经济合作新模式

2月23日，“新世纪丝绸之路经济论坛”在福建泉州举行。会议响应了中央提出的“一带一路”合作倡议，是我国根据区域经济一体化和经济全球化的新形势提出的跨区域经济合作的创新模式。2013年9月，习近平主席在出访中亚国家期间提出了共同建设“丝绸之路经济带”① 的构想，而此前李克强总理在出席第十届中国—东盟博览会期间提出了续写“海上丝绸之路”历史辉煌的倡议。② 中央为此召开了政治局常委悉数出席的周边外交工作座谈会，会议明确提出要以周边为基础，加快实施自由贸易区战略，扩大贸易、投资合作空间，构建区域经济一体化新格局。

“丝绸之路经济带”建设运行的初始阶段将主要涉及中国和中亚各国，但未来将会逐步涵盖和辐射中东欧、西欧以及西亚、北非地区等更广泛的地域，商务部依据交通运输大走廊确定了三条贸易通道，分为北中南三线。而“海上丝绸之路”的合作主体将是中国和东南亚国家，由国家海洋局和交通部负

---

① 习近平．弘扬人民友谊，共创美好未来［N］．人民日报，2013－09－08.

② 王明浩，吴乐珺，庞革平，谢振华．李克强出席中国—东盟博览会和中国—东盟商务与投资峰会开幕式并发表主旨演讲［N］．人民日报，2013－09－04.

责，以中国—东盟自贸区作为基础，进而升级打造命运共同体，今后还可延伸至印度洋、中东、非洲和地中海地区国家。丝绸之路带来的贸易通道一直在惠及亚欧大陆上的国家，中国—东盟自贸区的合作也已长期维系，此番中国领导人将“新丝绸之路”和“海上丝绸之路”作为战略构想特别提出，其背后的意义是多方面的。

首先，经济上的共同发展是“一带一路”国际合作的最显著目标。虽然在此前亚洲区域合作有力地促进了亚洲各国的和平发展，但是与欧洲和北美相比，亚洲各个次区域之间发展不平衡、联系不紧密，这使得深化合作成为迫切的需要。“一带一路”倡议，涵盖了中亚、西亚、东南亚、南亚等各个次区域，力求建立和健全亚洲供应链、产业链和价值链，使泛亚和亚欧区域的经济合作迈上一个新台阶。

其次，以次区域经济合作促进周边外交。以经济带动和促进外交是国际通行的外交手段，在新一届政府的外交策略中，中国与周边国家的关系成为中心，致力于推进中国与周边国家和地区的一体化，而“一带一路”倡议正是通过次区域经济合作来支持新的外交战略。借由“丝绸之路”这个曾经给亚洲地区带来友好和发展的概念，加强邻里之间的合作和了解，用经济发展促进外交往来，最终形成命运共同体。

对于中国来说，“一带一路”在政治上的重要意义也不容忽视。一方面，对于国内来说，这一战略涵盖了中国的中西部和沿海省市区，紧扣中国的区域发展战略、新型城镇化战略和对外开放战略。沿海城市将凭此加强开放程度和发展水平，而对于中西部地区的意义更加明显，党的十八大报告中提出要扩大向西开放，这些地区可以以此为契机，加强基础设施建设，加大与周边国家的沟通，使中国不发达的内陆地区融入国际战略之中。更为重要的是，此举有利于加强地方与中央的紧密联系，促进中央对于中西部地区的关注和重视。另一方面，从国际环境来看，美国正积极推动 TPP，意图建立一个取代世界贸易组织（WTO）的世界经济规则。而中国提出“一带一路”倡议，推动与周边国家命运共同体的建设，体现出中国走新型大国而非传统大国的道路。中国要与别国共建共同发展带，把周边作为战略依托，实现中华民族的伟大复兴。

陆海复合型的地理特征，决定了中国无论在经济上还是安全上都需要“陆海统筹”，兼顾陆地和海洋因素。新一届中央领导集体提出了中华民族伟大复兴的中国梦，而此时提出“一带一路”倡议以经济合作为先导与基石，以政治合作为前提与推进手段，以促进文化交流、化解安全风险为重要目标，是具有前瞻性的综合战略规划。“一带一路”倡议以经济和贸易合作为途径，推动外交发展，以海陆共同发展来推动民族复兴，构建兼顾海陆的新型大国。

“一带一路”倡议的提出，对于中国的经济、外交和政治发展都具有重要意义，但如何在抓紧与周边国家建立命运共同体的同时，尽快促进与远距离发达国家的交往以及贸易规则的平等协商和共同制定，也是中央在推行周边外交战略时不容忽视的问题。

（文/彭博）

国家划定生态保护红线

2014 年 2 月，环境保护部印发《国家生态保护红线—生态功能基线划定技术指南（试行）》（以下简称《指南》），作为中国首个生态保护红线划定的纲领性技术指导文件，这意味着 2014 年将成为环保部完成全国生态保护红线划定任务的关键一年。可以说，划定全国生态保护红线体现了我国科学规范生态保护、以强制性手段构建国家生态安全格局的政策导向与决心。

国家生态保护红线体系由生态功能红线、环境质量红线和资源利用红线三个核心组成，兼顾了生态领域、环境、资源三大领域的重大问题与保护需求，对有效保护国土空间、维护自然生态系统服务持续稳定发挥具有重要意义。

第一，划定生态功能保障基线（生态功能红线），能维持生态稳定、保障生态安全。统筹整体生态保护的同时，在重要的生态功能区、生态敏感区、脆弱区等区域划定最小生态保护空间，以维护自然生态系统服务持续稳定发挥。而只有通过实地调查核实生态红线的实际分布界限，制定严格的配套管护制度，才能够将红线落地，实现真正意义上的保护。

第二，坚持环境质量安全底线（环境质量红线），可为人民提供健康的基本生活环境。近年来，雾霾等污染问题困扰着人们的生活，“铁腕治霾”体现了环境质量红线的作用，为保障人民群众的生命健康与相对良好居住环境，在实际操作中，既要明确和完善环境质量达标红线、进一步强化区域总量控制红线，又要努力构筑环境风险防控红线。

第三，设置自然资源利用上线（资源利用红线），既符合经济转型需求，又与资源环境承载力相配。为促进资源能源节约，能源、水、土地等资源必须高效利用。目前，国家制定了严格的能源矿产、水资源、土地资源等管理与利用强度限制要求，促进自然资源科学、环保、可持续利用。就国家生态保护红线体系的划定原则来看，系统性、协调性、差异性、强制性、动态性、操作性是应遵守的，唯有在国家层面统筹考虑，协调人口资源环境均衡、经济社会生态效益相统一，注重差异，因地制宜，严格执行生态保护红线，使政策与时俱进又具备可实现性，才能够构筑生态保护红线体系，保护中国发展的“生命线”。

构筑生态保护红线体系，有必要通过生态保护重要性评估识别有重要保护价值的空间区域，进行差异化区分。在系统调研国内外生态功能评价理论与方法的基础上，《指南》针对三类划定区域分别制定了差异性划分方法，以保证生态功能红线划定的科学性与可操作性。一是对于重要生态功能区，应开展不同类型生态系统服务重要性评价，《指南》给出了相对成熟和完善的评价方法，可供全国各地划定根据实际情况加以使用；二是对于生态敏感区、脆弱区，应采用学术界公认的、已在典型领域取得较好运用的评价指标与评价方法，开展不同类型生态敏感性评价；三是对于禁止开发区，考虑到各类保护空间交叉重叠程度高，主管部门多、管理严格程度不一等现实情况，《指南》将国家级自然保护区核心区和缓冲区纳入生态功能红线范畴，体现其管理严格性。

回顾生态保护红线的制定历程，早在 2011 年，我国便首次提出了“划定生态红线”的重要战略任务。2013 年 5 月 24 日，在中共中央政治局第六次集体学习时，中共中央总书记习近平再次强调，要划定并严守生态红线，牢固树立生态红线的观念。在生态环境保护问题上，就是要不能越雷池一步，否则就应受到惩罚。① 党的十八届三中全会更是把划定生态保护红线作为改革生态环境保护管理体制、推进生态文明制度建设最重要、最优先的任务。2013 年，环保部兼顾统筹资源、环境、生态领域重大问题与保护需求，提出了构建以生态功能红线、环境质量红线和资源利用红线为核心的国家生态保护红线体系。由此可见，生态红线提出后，其受关注程度和重要地位不断上升，划定生态红线已经不仅仅是生态保护领域的重点工作，更是成为生态文明制度建设的关键内容，成为国家生态安全和经济社会可持续发展的基础性保障。

放眼当下，生态保护红线的实施不得不面对发展背景所带来的局限性。

---

① 坚持节约资源和保护环境基本国策，努力走向社会主义生态文明新时代［N］. 人民日报，2013-05-25.

近年来，随着工业化的发展与城镇化的推进，生态、资源环境恶化的趋势并未取得良好的改观，从宏观上看，主要面临三大问题：第一，资源约束压力增大，经济高速发展之下，环境污染进一步加重，资源形势日益严峻；第二，各类保护区空间交叉重叠，不够合理的布局使得生态保护效率不高；第三，生态环境缺乏整体性保护，未从全局角度出发统筹规划，难以形成国家与区域生态安全和经济社会协调发展的空间格局。

生态红线划定意义深远，而在现实中却矛盾尖锐、难以落地。尽管目前生态红线被提到了一定高度，但是国家层面还没有相关的具体法律法规或配套政策、管理办法，这也导致了红线划定在摇摆不定，落地有难度。因此，确立生态红线的法律地位，建立健全红线管理法律法规体系尤为重要。一方面，平衡中央与地方的利益，确保政策能够在地方贯彻落实，唯有如此，才能够真正意义上将生态红线落到实处；另一方面，将生态红线评估结果纳入干部考核体系，改变唯 GDP 为尊的干部考核评价体系，推行生态红线的奖励和惩罚机制，将资源消耗、环境损害、生态效益纳入经济社会发展评价中。《党政领导干部选拔任用工作条例》提出，应当把有质量、有效益、可持续的经济发展、生态文明建设等作为考察各级党政领导干部的重要内容。党的十八届三中全会也提出，要探索编制自然资源资产负债表，对领导干部实行自然资源资产离任审计。实践中，要设立一项考评指标与干部考评机制挂钩，解决政策落实过程中的矛盾，让红线真正落地。

（文/蔡淼）

中央着力打造网络强国

2 月 27 日，中央网络安全和信息化领导小组在北京召开了第一次会议，会议审议通过了《中央网络安全和信息化领导小组工作规则》《中央网络安全和信息化领导小组办公室工作细则》《中央网络安全和信息化领导小组2014年重点工作》。该小组被视为党的十八届三中全会闭幕3个月以来，中央在现有架构外新设立的第三个“超级机构”，习近平担任组长，李克强、刘云山任副组长。

就某个领域的工作专门成立领导小组，直接释放的信息固然是中央对此项工作的重视，但另一方面也反映出该领域工作存在突出的问题。例如，全面深化改革领导小组的成立在很大程度上说明中国改革渐入深水区所要面临的问题。中央国家安全委员会的成立则表明传统安全观的局限。网络和信息化领域存在的问题首先在于，我国已是网络大国，但离网络强国仍有不小差距，网络安全形势严峻。目前我国互联网普及率为45.8%，较2012年底提升3.7个百分点。[①] 我国网民数量、国家域名注册量、宽带网民数量均居世界第一。[②] 但是，基础信息网络和重要信息系统设备国产自主水平低，关键资源基本掌控在发达国家手中，关键装备受制于人的局面尚未根本改善，发达国家对网络信息安全的战略调整将对我国造成更大压力。同时，我国也是世界上网络攻击的主要受害国。2012年，我国境内1400万余台主机遭受攻击，3.8万个网站遭受远程控制，针对我国进行网络钓鱼攻击的钓鱼站点96.2%位于境外，并受到“匿名者”“幽灵躯壳”等黑客组织的频繁攻击。就在2014年1月21日，我国通用顶级根域名服务器解析出现异常，全国2/3的网站访问受到影响。

在这种形势下，本该有强有力的领导机构和明确的网络安全和信息化战略加以应对。然而，中央网络安全和信息化领导小组成立之前，我国的

---

① 张紫．第33次中国互联网络发展状况统计报告［J］．计算机与网络，2014（2）．

② 张砥．要把网络安全主导权攥在自己手上［N］．北京日报，2014－01－24.

信息化管理是由工信部进行统筹规划，其他各相关部门相互配合衔接。但是，工信部作为国务院的行业主管部门，在统筹管理信息化特别是电子政务方面缺乏足够的权威，难以统揽党委、人大、政府、政协、高检、高法等单位和部门的电子政务建设工作，难以与发改、科技、公安、财政、保密等相关职能部门就具体政策的制定进行协调，更难以统筹地方信息化发展。在地方层面，一般省级信息化工作也由十多个不同类型的部门在分头管理，甚至分布在党委、人大等部门，出现了上情难以下达，横向难以有效协调的局面，地方反映强烈。因此，我国信息化发展实际上已经形成了顶层管理职能缺位的局面，信息化发展中一些全局性、战略性问题始终无法取得突破。

同样重要的是，互联网领域的特殊性在于，美国是互联网技术的发源地，掌握着网络空间的核心技术并处于绝对优势地位，纵观全球，美国是最早推行进攻性网络战略的国家。全球互联网共 13 台根服务器，唯一一台主根服务器和另外 9 台辅根服务器都在美国，美国还拥有众多业务范围广泛的互联网巨头，实际上卡住了全世界互联网的咽喉。而且，美国在网络安全领域的立法也起步最早，数量最多，覆盖面最宽，内容最复杂。早在 1984 年，就立法将侵入美国特定部门或专用计算机系统以窃取美国政府涉密信息、金融档案信息的行为界定为犯罪。截至 2009 年，美国通过专门法律或含有网络安全相关条文的法律有 36 部；2009 年以来，虽然没有通过综合性的网络安全法律，但提出了大量涉及网络安全的法案。更重要的是，3 月 4 日，美国国防部在新版《四年防务评估报告》中公布了网络战部队大规模扩军的消息，到 2019 年美国将建立多达 133 支的网络战部队，其中有 40 支为攻击性部队。而且，北约卓越合作网络防御中心邀请 20 名法律专家，在国际红十字会和美国网络战司令部的协助下撰写出一份被称为“塔林手册”的网络战手册，或许表明美国试图制定网络战规则并寻求网络攻击合法化。作为应对，俄罗斯国防部已经完成组建网络空间司令部的研究工作，国防部长绍伊古要求相关部门尽快拿出方案，其网络司令部也将尽快挂牌成立。法德两国也在探讨建立欧洲独立互联网，保证欧洲数据保护的高标准，让用户不需要通过大西洋传送电子邮件和其他信息，建立欧洲内部的通信网络。在国际网络安全领域，美国已经武装到牙齿，而中国却近乎“赤身裸体”。

因此，及早成立网络安全工作的核心领导机构、制定清晰的网络安全战略并组建网络安全部队实属必要。首先应当明确领导小组的职责。根据习近平的讲话，领导小组的职责是，发挥集中统一领导作用，统筹协调各个领域的网络安全和信息化重大问题，制定实施国家网络安全和信息化发展战略、宏观规划和重大政策，不断增强安全保障能力。① 具体可分为以下三个方面：第一，维护网络安全。网络安全和信息化对一个国家很多领域都是牵一发而动全身的，网络安全和信息化是一体之两翼、驱动之双轮，没有网络安全就没有国家安全，没有信息化就没有现代化。第二，进行信息化建设。要加强核心技术自主创新和基础设施建设，提升信息采集、处理、传播、利用、安全能力，更好惠及民生，要制定全面的信息技术、网络技术研究发展战略，下大气力解决科研成果转化问题。要出台支持企业发展的政策，让他们成为技术创新主体，成为信息产业发展主体。要抓紧制定立法规划，完善互联网信息内容管理、关键信息基础设施保护等法律法规，依法治理网络空间，维护公民合法权益。第三，做好网上舆论工作。要创新改进网上宣传，运用网络传播规律，弘扬主旋律，激发正能量，大力培育和践行社会主义核心价值观，把握好网上舆论引导的时、度、效，使网络空间清朗起来。在当前网络安全形势严峻的情况下将网络安全与国家信息化战略相提并论，最终目标是建设网络强国。

---

① 总体布局统筹各方创新发展，努力把我国建设成为网络强国［N］．人民日报，2014－02－28.

现阶段成立跨部门的中枢机构进行统筹协调，其最大意义在于可以解决过去互联网多头管理、缺乏顶层设计的弊端。新组建的中央网络安全和信息化领导小组，是党中央层面上设置的一个高层领导和议事协调机构，出任组长的是党的总书记，这就有足够的权威来协调党中央、军委、人大等系统，加上国务院总理李克强及主管意识形态工作的中共中央政治局常委刘云山担任副组长，可以兼顾到国防军事、国务院系统及意识形态三个领域的安全战略规划，从而大大提高该小组总揽全局的整体规划能力和高层协调能力，对内有利于网络安全和信息化建设，对外也有利于应对网络霸权主义乃至可能出现的网络战争。

（文/吴双）

国务院全面推进城乡居民大病保险试点

2 月 7 日，李克强主持召开国务院常务会议，决定合并新型农村社会养老保险和城镇居民社会养老保险，建立全国统一的城乡居民基本养老保险制度。次日，国务院医改办发布《关于加快推进城乡居民大病保险工作的通知》（以下简称《通知》），强调 2014 年全面推开城乡居民大病保险试点工作。这标志着新一轮以福利一体化为目标的中国城乡经济社会改革大幕正式拉开。

大病保险对城乡居民因患大病发生的高额医疗费用给予报销，是在市场化配置医疗资源的思路指引下，力图解决“因病致贫、因病返贫”的现实问题，填平公共医疗服务领域城乡鸿沟的重要尝试。大病保险试点始于 2012 年 8 月，国家发展和改革委等六部委下发《关于开展城乡居民大病保险工作的指导意见》（以下简称《指导意见》），明确从新农合或城镇居民医保基金中切出一部分，为大病患者提供“二次报销”，以防“因病致贫”，同时报销范围不再局限于政策范围内，而是实际发生的合理的高额医疗费用。国务院医改办的数据显示，全国已有27个省份开展大病保险试点，覆盖城乡居民2.9亿人。国务院医改办此次发布《通知》是对《指导意见》的进一步贯彻落实，要求各地尽快全面启动试点工作，同时也提出了一些新思路，如提供“一站式”即时结算、异地结算等服务。

我国大病保险政策仍处于摸索阶段，尚未形成固定的制度规范，实现全覆盖仍有诸多难题待解。第一，作为政府、个人和保险机构共同分担大病风险的保障机制，大病保险成功运行的前提是正确处理政府与市场的关系。大病保险的运作模式是利用部分新农合和城镇居民医保基金向商业保险机构购买大病保险，居民基本不用再掏钱。出于对风险的考量，部分省份迟迟没有开展试点工作，同时个别试点地方出现了保险公司恶性竞争，抢占市场的现象。所以政府在借助市场力量的同时，切不可过分依赖市场，一方面要监督管理好保险企业；另一方面也必须设计更加多元的救助渠道，如医疗救助制度、慈善机构合作模式、补充性保险等。

第二，大病保险实现全覆盖的关键在于保障资金来源，突出政府财政的重要作用。由于大病保险的资金来源是从城镇居民医保基金、新农合基金中划出一定比例或额度，所以城镇居民医保和新农合保障水平直接影响着大病医保的保障程度。一些地方正是因为医保结余资金有限而面临大病医保难以落实的尴尬。目前看来，适当调高基本医疗保险的支付额度的确是可行之策，但最终解决老百姓“因病致贫、因病返贫”问题，还需政府财政加大投入，为大病保险兜底。

第三，大病保险实现全覆盖还需对保障标准和目录设置进行重新审视。目前纳入大病医保的疾病已达20种，基本可以涵盖一些常见的大病。但是，一些罕见大病和慢性病，医治难度高、治疗费用高，却得不到大病医保的保障，并没有真正实现涵盖实际发生的合理的高额医疗费用的目标。

第四，城乡大病保险全覆盖更需解决好地区统筹层次参差不齐的问题。在试点过程中，吉林、青海、甘肃、山东4省是省级统筹，大多数试点地区是市级统筹，还有个别地区是县级统筹。此次《通知》明确要求商业保险机构要利用全国网络优势，为参保人员提供“一站式”异地结算服务。但是，面对不同城市之间、城市与农村之间的巨大差距，如何实现资金统筹将成为一项重大难题。

城乡福利一体化改革首先源于中央更加重视民生，强调社会公平的执政理念变化。党的十八大报告提出，要逐步建立以权利公平、机会公平、规则公平为主要内容的社会公平保障体系，保证人民平等参与、平等发展权利。党的十八届三中全会也明确指出，城乡二元结构是制约城乡发展一体化的主要障碍。必须健全体制机制，形成城乡一体的新型工农城乡关系，让广大农民平等参与现代化进程、共同分享现代化成果。城乡福利一体化改革同时反映了城乡二元结构已经成为影响中国经济社会良性发展的严重障碍。城乡二元体制曾经发挥了一定的作用，但是随着经济实力的日益雄厚，今天的中国社会不仅有需求更有能力冲破传统城乡二元体系的束缚。在此背景之下，中央陆续出台多项措施从不同领域推动城乡福利待遇一体化，力图缩小城乡差距。在国务院常务会议做出建立全国统一的城乡居民基本养老保险制度的决定之后，人力资源和社会保障部同财政部便联合印发了《城乡养老保险制度衔接暂行办法》，重点解决城镇职工基本养老保险与城乡居民基本养老保险制度两大制度的衔接问题。广大的城镇非从业居民和城乡流动人口特别是农民工群体将成为这一措施的最大受益者。随后，国务院公布《社会救助暂行办法》，不再城乡区别对待，鼓励逐步达到城乡标准和补助水平的一致。

实现城乡福利一体化既是中央实现农村关怀和社会公平的必然要求，也是推动中国经济社会发展的迫切需要，对于增强社会安全感、改善民生、促进人口纵向流动以及拉动消费都具有重要意义。统一城乡养老保险和大病保险等措施也仅仅是迈出了改革的第一步。任何一项福利制度的改革都是利益的再分配，要真正缩小城乡差距，实现社会公平，还得在养老保险、医疗保险、最低生活保障及其他福利政策上加大政府投入，充分利用社会资源，继续推动制度整合。

（文/沈思）

3月　党政军革新步步推进

2014年政府工作报告彰显执政新理念

党的群众路线工作取得新进展

中央军委推进深化国防和军队改革

我国正式出台新型城镇化规划

专项巡视开启制度化反腐

文化体制改革取得新进展

2014 年政府工作报告彰显执政新理念

3 月 5 日，第十二届全国人大二次会议在人民大会堂开幕，李克强总理代表国务院向大会做政府工作报告，总结新一届政府履职一年来的施政纲要，部署 2014 年工作重点。报告延续了历年政府工作报告的形式风格，在思想主线上也多有继承。但相较于之前政府工作报告从战略高度出发，对未来工作实施全局性部署的要旨，此份报告则偏重于全面阐述宏观经济调控新思路，处理好政府与市场的关系，旨在将民意上升至国家意志。

首先，报告以经济问题为主线，在经济理论、调控手段、引擎部署等方面全面反映了新一届政府经济管理和调控新思路。一方面，报告指出，要“保持经济运行处在合理区间。完善宏观调控政策框架，守住稳增长、保就业的下限和防通胀的上限”，这是“合理区间”一词首次进入《政府工作报告》。实际上，在此之前，新一届政府已将“合理区间论”运用于宏观经济调控中，如 2013 年 6 月中国银行业出现“流动性紧张”时，政府没有条件反射式地注入流动性，而是要求优化金融资源配置，首次提出“用好增量，盘活存量”的八字方针，使得“合理区间论”的经济新思路得到了实践层面的正面回应，也预示着这一思路将更加明确地指导“全面深化改革元年”的宏观经济管理。另一方面，报告亦对拉动经济增长的“三驾马车”提出了明确的要求：出口方面，强调稳定和完善出口政策，2014 年进出口总额预期增长

7.5%左右；投资方面，定位投资为稳定经济增长的关键，将中央预算内投资增加到4576亿元人民币；消费方面，明确消费作为扩大内需的主要着力点的同时，对于扩内需调结构、安天下稳民心的农业，更要求把解决好“三农”问题放在全部工作的重中之重，确保谷物基本自给、口粮绝对安全，把13亿中国人的饭碗牢牢端在自己手中。

其次，宏观调控思路创新的关键在于处理好政府与市场的关系，在报告中表现为约束政府行为，释放市场活力。报告将改革列为首要任务，将关乎政府自我革命的简政放权位列改革清单的首位，并具体要求再取消和下放的行政审批事项达到200项以上，明确表达了新一届政府在改革攻坚期和深水区所释放出的壮士断腕的改革决心，背水一战的执政气概。具体而言，一些大改革，包括行政体制改革、财税体制改革、金融体制改革、所有制改革、社会保障改革的核心都指向政府行政职能的转变，在很大程度上减弱了政府主导机制。同时，报告指出要更加充分释放市场活力。报告明确要求深化改革的一大动力来源于市场，要使市场在资源配置中起决定性作用，破除制约市场主体活力和要素优化配置的障碍，让全社会创造潜力充分释放，让公平正义得以彰显，让全体人民共享改革发展成果，进一步明确了市场在改革中的主导作用。

最后，无论是对经济调控的创新还是对政府与市场行为的权衡，报告强调最终的落脚点仍在于改善民生，实现本固邦宁。一方面，面对收入分配、大气污染等群众目前并不满意的问题，报告两次使用“宣战”一词，指明一要继续向贫困宣战，具体目标是2014年再减少农村贫困人口1000万人以上；二要坚决向污染宣战，其中包括淘汰燃煤小锅炉5万台、黄标车和老旧车600万辆的硬任务。对于民众诟病多时的“三公”经费，报告也明确指出，所有财政拨款的“三公”经费都要公开，打造阳光财政，让老百姓看明白、能监督。另一方面，报告采用具体化目标和可评估数据做出民生承诺。对于民生之本，报告将城镇新增就业人数目标提升至1000万人以上，以配合近730万人的高校毕业生和大量进城务工的农村劳动力的就业需求；对于2013年居民收入跑输GDP增速的局面，报告强调作为民生之源的城乡居民收入要与经济同步增长；对于社保这一民生之基，报告承诺打破双轨制，建立统一的城乡居民基本养老保险制度。

2014年政府工作报告以详尽具体的指标和务实的文风贯穿始终，其中"合理区间论"这一宏观经济管理新思路既注重底线管理，也讲求战略定力，意味着中国决策者对经济放缓的容忍度将提高，宏观调控也将放眼长远，不再纠缠于一城一池的得失；政府与市场关系处理的进一步明朗化亦使得全面深化改革元年的改革导向及战略部署更为清晰；而将民生问题作为最终目标，更是意味着中央政府以党的执政理念为指引，将民生的发展与经济的发展、社会的进步有机地结合在一起，以期形成良性的互动。总之，新一届中央政府用改革释放红利的执政方略已逐步细化为具体的施政安排。

（文/俞莎莎）

党的群众路线工作取得新进展

2014年3月17日，习近平来到第二批党的群众路线教育实践活动联系点——河南兰考县进行调研。兰考是"县委书记的榜样"焦裕禄工作过的地方。在两天的考察中，习近平高度评价焦裕禄精神，认为党的群众路线教育实践活动的主题与焦裕禄精神高度契合，要把学习弘扬焦裕禄精神作为一条红线贯穿活动始终，做到深学、细照、笃行，同时要求党员干部将焦裕禄精神视作一面镜子，不断对照和反思自己。①

① 大力学习弘扬焦裕禄精神，继续推动教育实践活动取得实效［N］．人民日报，2014－03－19.

习近平在兰考县的调研是第二批党的群众路线教育实践活动的一部分。根据中央统一安排，中央政治局常委在第二批党的群众路线教育实践活动中分别联系一个县：李克强到内蒙古自治区翁牛特旗，张德江到福建省上杭县，俞正声到云南省武定县，刘云山到陕西省礼泉县，王岐山到山东省蒙阴县，张高丽到吉林省农安县。执法部门、窗口单位是这次考察的重点，常委们深入基层单位和组织，面对面听取干部群众意见与建议。

1. 教育实践活动的连续性与新特征

第二批党的群众路线教育实践活动是第一批教育实践活动的延续和补充。在 1 月 21 日党的群众路线教育实践活动第一批总结暨第二批部署会议中，刘云山作为党的群众路线教育实践活动领导小组组长发表讲话，充分肯定第一批教育实践活动的成果，并部署第二批活动工作。会议体现了党对教育实践活动连续性的重视。党的群众路线教育实践活动是一场思想上的整风运动，是党内长期坚持的行动路线。习近平总书记指出，开展群众路线教育、为人民服务决不搞“一阵风”，要长期坚持下去。①

第一批与第二批活动具有广泛的内在联系，但也必须依次逐步开展，实现由高到低、由上到下、由简到繁、由浅入深的过渡。1 月 23 日，中共中央办公厅印发《关于开展第二批党的群众路线教育实践活动的指导意见》（以下简称《意见》），通知 2014 年 1 月至 9 月在全国范围内广泛开展第二批群众路线教育实践活动，要求各地区各部门结合实际认真贯彻执行。《意见》在开头即指出：第二批教育实践活动的主要参与单位是基层组织以及没有参加第一批活动的其他组织机构。同时指出本次教育实践活动的特征：范围广、领域宽、数量大，与群众联系更直接、更紧密，涉及的问题更具体、更复杂，群

---

① 大力学习弘扬焦裕禄精神，继续推动教育实践活动取得实效［N］. 人民日报，2014－03－19.

众期望值高，任务更加艰巨。另外，从第二批群众路线教育的对象和内容上来看，与第一批有很大不同。后者的重点在“民主生活会”，意在理顺党组织内部关系，统一全党思想，整顿党内纪律和组织作风。而前者则将着眼点放在基层党组织建设上，一方面弘扬党内优良传统，另一方面强调基层党员干部在群众路线教育实践活动中的重要地位。两批教育实践活动的核心都在于巩固共产党执政合法性的基础，并加强党的执政能力建设。

2. 焦裕禄精神与群众路线的关系

第二批党的群众路线教育实践活动开展以来，各级单位和组织将学习和弘扬焦裕禄精神作为一条红线贯穿始终。习近平总书记指出“焦裕禄精神是永恒的”①，它与井冈山精神、延安精神一脉相承，集中体现了共产党人的精神和党的宗旨。习近平将焦裕禄精神凝练为一种为人为官所秉持的道德情操——艰苦朴素、廉洁奉公、任何时候都不搞特殊化。所谓大道至简，大美无华。焦裕禄精神的核心在于其与群众所构筑的平等关系，他从不搞特权，与普通百姓同吃同住同工作，他从来不将自己特殊化于群众之外，他是群众当中的普通一员。他重视与群众的密切联系，深入体察百姓生活，以身作则，并将维护群众的利益视作自己奋斗的首要目标——最不重要的反而是自己。

焦裕禄精神因此与群众路线教育活动的核心思想完全契合，都要求党员和干部密切联系群众，敢于并善于在基层组织当中发挥作用，建立起与人民群众的平等关系，获得人民群众的广泛信任和支持。第二批党的群众路线教育实践活动提出着力解决“四风”问题和“最后一公里”问题，其本质就是在学习焦裕禄当年的工作作风，并践行焦裕禄为之奋斗的事业。焦裕禄精神体现的要求并不复杂，所奉行的正是一种最典型的群众路线——想群众之所

---

① 大力学习弘扬焦裕禄精神，继续推动教育实践活动取得实效［N］. 人民日报，2014-03-19.

想，急群众之所急，打破共产党员与人民群众的界限，关注并解决最真实、最细微的社会问题。

3. 焦裕禄精神的基层属性

焦裕禄精神之所以在第二批党的群众路线教育实践活动中尤为重要，不仅在于其丰富的内涵和深刻的教育意义，还在于焦裕禄用自己的实际行动，展现了一个优秀基层党员的光辉形象。基层是党执行群众路线的滩头阵地，是党与人民发生血肉联系的最直接纽带，是体现党的先进性的窗口。参加第二批党的群众路线教育实践活动的政治局常委们指出，这一批活动有其特殊的重要性，关注的重点在基层。广大市县乡村不仅是巩固党的执政地位和执政基础的根基，也是推进国家治理体系和治理能力现代化的关键环节。基层党组织人数多，分布广，与人民群众联系更直接。人民群众评价党的作风，一方面是关注中央，但更关心地方，更多的体会来自身边的党员干部。

而焦裕禄精神所代表的并不只是某一个先进的个人，或某一个地方的党组织的优良作风，而是代表了整个基层党员干部的优良作风。基层党员干部对于中国共产党来说十分重要，他们工作在基层第一线，与人民群众有广泛、深入的联系。他们与群众接触最多，是真正意义上群众路线的践行者，是党组织大厦的地基。他们代表党与人民群众打交道，群众对党的印象和体会，一大半来自与他们的日常接触。基层党员干部的优良作风是党的先进性的集中体现，也是党执政合法性的重要来源。因此群众路线的关键在基层，而焦裕禄精神为怎样完善基层党组织建设提供了最好的范例。党的群众路线教育实践活动主题由第一批的“民主生活会”转向第二批的“焦裕禄精神”，其中包含的不仅是内容、形式的转变，而且是战略高度的创新和对之前思想教育工作的补充。

（文/彭飞）

中央军委推进深化国防和军队改革

3月15日，中央军委深化国防和军队改革领导小组第一次全体会议在京召开，中央军委主席习近平作为中央军委深化国防和军队改革领导小组组长主持会议并发表重要讲话，强调坚持以强军目标引领改革和推进改革。① 深化国防和军队改革在2013年党的十八届三中全会上通过的《中共中央关于全面深化改革若干重大问题的决定》中被首次明确提出，是我国全面深化改革的重要组成部分。此次中央军委深化国防和军队改革领导小组的正式亮相，意味着由习近平亲自运筹、亲自指挥的中国国防和军队改革正式步入实施阶段。

中央提出深化国防和军队改革具有清楚明确的目标和切合时局的重要意义。新一届中央领导集体上台以来，对国防和军队高度重视。党的十八届三中全会明确提出要深化国防和军队改革，习近平也多次在不同场合强调深化改革要“紧紧围绕建设一支听党指挥、能打胜仗、作风优良的人民军队这一党在新形势下的强军目标”② 进行。与上一任军委领导将中国人民解放军的历史使命概括为“三个提供、一个发挥”③ 相比，习近平领导下的中央军委最显著的特点在于将军队的任务集中到军事斗争准备上，将军队建设的核心集中到思想作风建设上。面对国内民族分裂势力的威胁，周边地区对于领土问

---

① 坚持以强军目标引领改革围绕强军目标推进改革，为建设巩固国防和强大军队提供有力制度支撑［N］．人民日报，2014－03－16.

② 曹智，李宣良．牢牢把握党在新形势下的强军目标，努力建设一支听党指挥能打胜仗作风优良的人民军队［N］．人民日报，2013－03－12.

③ 2005年，胡锦涛将中国人民解放军的历史使命概括为“三个提供、一个发挥”，即军队要为党巩固执政地位提供重要的力量保证，为维护国家发展的重要战略机遇期提供坚强的安全保障，为维护国家利益提供有力的战略支撑，为维护世界和平与促进共同发展发挥重要作用。

题的纷争，以及美国开启“重返亚太”战略意图遏制中国的形势，打造一支战斗力强大的军队对于中国来说迫在眉睫。因此，将“强军”作为深化国防和军队改革的直接目标与组建相关改革领导小组正当其时。

深化国防和军队改革包括三个方向的推进。一是深化军队体制编制调整，通过加强管理、优化结构和培养人才以增强战斗力。二是推进军队政策制度调整，要求建立军官职业化制度、建立军费管理制度、健全军事法规制度体系。三是推动军民融合深度发展，强调在国家层面进行包括国防工业、国防教育、军队保障社会化、民兵预备役体制等多方面的领导和协调，符合中国共产党一贯坚持的群众路线。

围绕这三个方向，从2013年开始，深化国防和军队改革的具体措施已经逐步展开。在“从严治军”的理念之下，军队作风建设和体制编制调整并行。党的十八大以来，中央军委在军队作风建设方面提出“禁酒反奢”的要求，采取了严控经费、治理军车、清查房地产、安排离任审计、建立巡视制度等多项治军措施。体制编制调整也开始推进，目前比较引人关注的是统一启用文职人员证件，不享受现役军人优待。当然，在改革过程中，面临着很多困难和挑战。首先，这样的严厉手段使改革难免触及多方利益。其次，更大的挑战在于如何将改革从作风建设转向强军目标要求的深层次的制度建设。因此中央军委副主席许其亮强调军队改革难度前所未有，打好这场攻坚战需要实际行动。①

深化国防和军队改革的核心在于两点：一是军队要绝对服从党的领导，二是军队要有打胜仗的实力。要克服困难，实现深化改革需要中央军委和各级军队的共同努力。在中央军委方面，首先，需要明确和重申党对军队

---

① 安普忠，黄超．坚持在学用结合知行统一上下功夫，把学习贯彻习主席系列重要讲话精神引向深入［N］．解放军报，2014－03－25.

的绝对领导，提高军队凝聚力，只有上下一心、思想统一，才能形成改革合力。其次，中央军委需要保持和强化关于深化改革的教育和引导工作，促进全军从战略和全局角度认识到深化改革的重要性和必要性。最后，在具体改革措施的推进上，要依据实际需求和情况进行体制编制和政策制度的调整，不要过度追求形式上的结构变化，应在尊重规律的基础上进行科学论证。在各级军队方面，首先，要统一思想认识，形成改革共识，《解放军报》在一个月内两次刊登共36位解放军将领学习习近平治军思想的文章正是例证。其次，各级军队应积极配合执行深化改革的具体措施。最后，各级部队可以通过座谈会等形式号召军人跳出个人或者部门利益的思维局限，加强全局观念。

（文/彭博）

我国正式出台新型城镇化规划

2014年3月16日，中共中央、国务院印发《国家新型城镇化规划（2014—2020年）》（以下简称《规划》）。全文共8篇31章，内容涉及推动农业转移人口市民化、优化城镇化布局和形态、提高城市可持续发展能力、推动城乡发展一体化、完善城镇化发展体制等多个方面，并明确提出常住人口城镇化率达到60%左右，户籍人口城镇化率达到45%左右的发展目标。这是中央颁布实施的第一个城镇化规划，将在今后一段时期内指导城镇化的健康发展发挥宏观性、战略性、基础性作用，是在当前社会转型阶段国家改革与发展顶层设计的宏编巨制。

城镇化是伴随工业化发展、非农产业在城镇集聚、农村人口向城镇集中的自然历史过程，是人类社会发展的客观趋势，是国家现代化的重要标志。

改革开放以来，我国城镇化经历了一个快速发展过程，带来经济社会的深刻变化，产生的问题亦十分突出。新型城镇化规划的出台和相关工作的部署，正是为了适应我国国情和相应发展需求。

一是城乡二元体制固化。过快的城镇化给农村地区带来耕地流失、拆迁补偿低、老人和留守儿童多、农地撂荒等诸多问题，新型城镇化必须正确处理好城镇和乡村的发展关系；二是城镇内部二元结构矛盾凸显。大量农业转移人口难以融入城市社会，市民化进程滞后，户籍人口和外来人口“同工不同酬、同城不同权”，农民工及其随迁家属未能在教育、就业、医疗、养老、保障性住房等方面享受城镇居民的基本公共服务，给经济社会发展带来诸多风险隐患；三是各地区城镇化发展不平衡，中西部中小城市发育不足。目前东部地区常住人口城镇化率达到 62.2%，而中部、西部地区分别只有 48.5%、44.8%。

我国正处于经济社会转型升级的重要时期，也处于城镇化深入发展的关键时期，必须牢牢把握城镇化蕴含的巨大机遇，妥善应对城镇化面临的风险挑战。新型城镇化规划是自 2010 年底国家成立城镇化规划编制领导小组以来深入调研、审慎研究得出的有益成果，在落实党的十八大“城镇化质量明显提高”战略目标和中央城镇化工作会议精神的基础上具有新的突破，具体表现在以人为核心、发力中小城市与坚持市场主导三个方面。

新型城镇化之“新”首先体现在强调以人为本，推进以人为核心的城镇化建设。截至 2013 年，我国有 2.7 亿名农民工实现从农业到非农产业的就业转移。随之而来的问题也十分突出：人口城镇化严重落后于土地城镇化，人为造城、大拆大建的强制城镇化思路扭曲，等等。城镇化并不是简单的城乡人口比例增长和城市面积扩张，新型城镇化的根本任务是要实现农业转移人口市民化，推进户籍改革工作，将农业转移人口积极纳入城镇教育、医疗、就业、住房等配套系统中，突破二元体制，在产业支撑、人居环境、社会保障、生活方式等方面彻底实现由“乡”到“城”的转变。

其次，与过去强调京津冀等大型城市群引领作用不同，新型城镇化明确提出要把加快发展中小城市作为优化城镇结构的主攻方向。一方面，我国东部地区京津冀、长三角、珠三角三大城市群，以2.8%的国土面积集聚了全国18%的人口，面临巨大的生态环境压力和国际竞争压力，人口数量与综合承载能力之间的矛盾越来越大，迫切需要调整优化转型升级；另一方面，中西部地区资源承载能力相对较强，人口较少，潜力没有得到发挥。新型城镇化应当突出中小城市和小城镇的重要作用，完善其服务功能，增强产业集聚能力和要素吸引能力，承接大城市向外疏解的产业、人口、资源，小马拉大车。在中西部资源环境承载能力较强的地区，培育发展若干新的城市群，引领国土空间的均衡发展，培育区域新的增长极。

最后，《规划》确立“市场主导、政府引导”的基本原则，首次以官方正式文件的形式允许地方政府发行市政债券。城镇化进程的加快必然意味着公共服务和基础设施建设支出的增加。新型城镇化建设必须要以市场为基础，配套政府顶层设计完善制度机制。政府应当支持而不是取代市场，积极布局城市建设投融资机制改革。具体而言，一是加大地方政府债券支持城镇化建设的力度，依法赋予地方政府适度举债权限，完善现行地方政府债券制度；二是推广使用政府与社会资本合作模式，吸引社会资本参与城市基础设施建设；三是进一步加强地方政府融资平台公司管理，厘清政府与企业的关系，正确引导市场预期，防范和化解财政金融风险。

城镇化是推动中国经济发展、促进就业的引擎，不仅能为提高市民生活水平提供动力，而且能够释放巨大的投资和消费需求，构建灵活完善的劳动力市场。新型城镇化是政府在面对传统城镇化后遗症、社会转型等问题提出的全局性社会改革纲领，体现出由重数量、重速度到重质量、重民生的转变，也透露出政府以人为本、均衡发展、尊重市场规律的执政理念。另外，除相关配套措施的落实之外，新型城镇化建设还应当注重速度和资源的平衡，一方面积极引入民间资本、扩大资源范畴，另一方面调解发展速度、避免盲目铺进，根据各地实际情况制定合理有效的时间表，保证相关工作的扎实推进，为实现全面建成小康社会的战略目标打下坚实基础。

（文/王沛嘉）

专项巡视开启制度化反腐

3 月 15 日，王岐山出席中央巡视工作动员部署会议并讲话，拉开了第三轮巡视的序幕。相较于前两轮均为 10 个巡视对象，此轮巡视对象增加到 14 个地区和单位。除了常规巡视北京、天津、辽宁、福建、山东、河南、海南、甘肃、宁夏、新疆、新疆生产建设兵团外，中央巡视组此次还将对科技部、复旦大学、中粮集团开展专项巡视。

2013 年的两轮巡视中，均为“地方 + 部属大学 + 部委 + 国企”这一混合形式，而 2014 年巡视方式发生了一个变化：地方单独纳入常规巡视，而被巡视的其他部门和企事业单位则纳入“专项巡视”的范畴。常规巡视，通常在一个地区或一个单位巡视一次后，在 5 年内可能就不再巡视，难免被一些地方或官员钻空子。而专项巡视的特点在于突出“问题导向”，针对特定问题、特定领域、特定人员开展巡视，哪个地区或单位问题多，就向该地区或单位派驻巡视组，完全没有规律可循，上个月巡视过了，只要发现新问题，下一个月还可以再巡视。这种灵活机动的巡视方式，既可以找准重点、击中要害，又能够通过“摸不着、料不定”的方式，形成强大威慑效应，从而实现防腐制腐的“稳、准、狠”。会议指出，要实施组织制度创新，机动灵活开展专项巡视，使之成为高悬的达摩克利斯之剑。明者因时而变，知者随事而制。专项巡视制度的建立是顺应反腐趋势的制度创新，是根据十八届中央纪委第三次全体会议提出的“创新组织制度和方式方法，探索专项巡视”的要求形成的新制度。除了带来防腐治腐的灵活性、威慑力之外，此举更开启了中央反腐模式的转型。

过去的反腐斗争，是一种权力式运动式反腐，其着力点在于通过加大斗争的力度来解决问题。腐败问题严重了，就进行一次力度更大的斗争。在短时间内似乎能揪出一些贪官，遏制贪腐风气。但是当严打过后，老的问题便重新浮出水面，贪腐得不到根本解决。这种“头痛医头脚痛医脚”的反腐模式面对制度性腐败的新特点已经难以应对，党的十八大过后，党中央下定决心治腐，2013 年作为反腐元年，通过巡视制度这个“反腐急先锋”，揪出了一大片“老虎”“苍蝇”，在全国范围内形成了反腐的高压态势，为进一步的制度化反腐创造了条件。在取得阶段性反腐成效后，中央纪委在第三次全体会议上提出改革创新纪检监察体制的目标，主要表现为“两个为主”“两个全覆盖”。“两个为主”指查办腐败案件以上级纪委领导为主，线索处置和案件查办在向同级党委报告的同时必须向上级纪委报告；各级纪委书记、副书记的提名和考察以上级纪委会同组织部门为主。“两个全覆盖”指全面落实中央纪委向中央一级党和国家机关派驻纪检机构，实行统一名称、统一管理；改进中央和省区市巡视制度，做到对地方、部门、企事业单位的全覆盖。这些改革措施旨在破除反腐遇到的体制机制障碍，由“权力式运动式反腐”向“制度化反腐”过渡。而 2014 年开始的专项巡视，则意味着开启了制度化反腐的新纪元。

为什么反腐转型选择专项巡视作为突破点？原因可能有以下几个方面。首先，与其他纪检监察制度改革相比，专项巡视建立在常规巡视的基础上，制度运行已有章可循，并且限制条件较少，可以经常性开展，适应现在高压反腐的要求。就“两个为主”的部署来看，“查办腐败案件以上级纪委为主”

得以实现的前提是增强反腐的力度、准确度，及时发现贪腐，进而在处理案件的过程中逐渐将案件主导权收归上级纪委。权力的上移要经过一番博弈、妥协，它需要在反腐的过程中稳步推进；而“各级纪委书记、副书记的提名和考察以上级纪委会同组织部门为主”这一部署，也不是日常反腐经常面对的问题，更多的是需要在反腐经过一定阶段后进行相应的组织人事改革。就“两个全覆盖”的部署来看，“中央纪委向中央一级党和国家机关派驻纪检机构”这一部署属于一项新的制度构建，之前无章可循，如果没有充分的酝酿和筹备，不会匆匆上马。按照中央的政策惯例，一般都是由点到面，在既有的政策基础上循序渐进，因此也不会像巡视制度已经覆盖全国一样短时间内覆盖所有的中央机关。对于巡视制度“地方、部门、企事业单位全覆盖”这一部署，一般也应遵循循序渐进的方式。其次，从党的巡视工作的发展历程来看，也有充分把握将巡视制度更进一步。中央巡视组制度可以追溯到1996年。1996年1月，十四届中央纪委六次全会做出“选派部级干部到地方和部门巡视”的部署，随后，中央纪委启动巡视制度。2002年，党的十六大报告提出，“改革和完善党的纪律检查体制，建立和完善巡视制度。”2003年中央纪委、中央组织部巡视组正式成立，设立5个巡视组，标志着巡视工作进入正式运作阶段，2009年更名为中央巡视组。2013年党的十八大过后，巡视制度在中央的大力推动下，充分显示出了其“稳、准、狠”的治腐功效。2014年在继续保留常规巡视的基础上推行专项巡视，将巡视制度的稳定性与灵活性进一步结合起来，最大限度地发掘制度红利，为上述相应制度的改革创造良好环境，为下活全国反腐一盘棋开创一个新的局面。最后，我国历史上的治吏经验为专项巡视提供了强大的制度理据。从汉朝正式建立刺史巡察制度，历朝历代都十分看重巡察制度。专项巡视继承了汉朝以来的刺史巡察制度，整合了几千年来治国安邦的丰富经验，联合常规巡视，与现代全民参与的媒体反腐、网络反腐，形成了上下结合、里外结合的全方位现代反腐体系。

反腐是一项长期、艰巨的事业。专项巡视能否发挥其设计时的功效，需要实践的检验。任何制度创新，都会有相应的风险。但是，有制度性的反腐部署，有中央的坚强推进，有其他措施的同步配合，有对历史经验的有效传承，有广大人民群众的积极参与，专项巡视定会打开反腐新局面，建立反腐新功绩。

（文/杨煜超）

文化体制改革取得新进展

2014 年 3 月 24 日至 25 日，全国文化体制改革工作会议在京召开。为呼应此前中央全面深化改革领导小组第二次会议审议通过的《深化文化体制改革实施方案》（以下简称《实施方案》），会议提出应认真贯彻中央精神，明确目标方向，加快文化改革步伐，推动文化体制与其他领域改革协同推进，实现“到 2020 年建立充满活力、富有效率、有利于文化繁荣发展的体制机制，使中国特色社会主义文化制度更加成熟更加稳定”的改革奋斗目标，这意味着新一轮文化体制改革开始进入全面实施阶段。

近年来，文化体制改革取得了重大进展和显著成效，随着改革深入，许多深层次矛盾和问题凸显出来：有些文化单位体制改变缺乏良好的运行机制，难以成为合格的市场主体；有些文化企业进入市场后发展困难；有些方面改革关联度高，单兵推进难以深入。与此同时，制约文化繁荣发展的体制性障碍依然存在，公共文化服务有待提升，文化产业规模较小，文化软实力与我国经济大国、文明古国的地位不匹配。因此，深化文化体制改革应与其他领域改革统筹协调，全方面、多维度、各要素推进，确保改革的系统性、整体性与协同性。

在此背景下，文化体制改革率先通过了《实施方案》，全面部署文化改革发展，立足当前文化现状，着眼于“五个统筹”——统筹改革、发展和管理工作；统筹文化事业和文化产业；统筹现代公共文化服务体系、现代文化市场体系和优秀传统文化传承体系建设；统筹经营性文化单位转企改制和文化企业发展；统筹文化交流和文化贸易，落实好文化改革发展的各项任务，深入推进文化体制改革。纵观深化文化体制改革的思路与举措，宏观层面上，文化行政管理部门必须完成角色转换，不断创新，简化权力清单，从办文化转变为管文化，不断创新完善文化管理体制和文化生产经营机制，激发文化创造活力，推进文化体制创新；微观层面上，文化事业单位应发挥自身功能定位，推动公益性文化事业的发展，创新公共文化服务运行机制，推动社会主义市场文化的繁荣与发展。

深化文化体制改革，我们任重而道远。《实施方案》的提出符合时代要求，立足当下实际。第一，创新文化管理体制，完善文化经济政策。政府部门由办文化向管文化转变，由单一的行政管理向依靠法律、科技、经济等综合管理转变，发挥市场在文化资源配置中的积极作用，提高文化产业发展效益，构建现代文化市场体系。第二，保障和改善文化民生，构建现代公共文化服务体系。值得一提的是，国家公共文化服务体系建设协调组成立，推进了重大公共文化服务法规、政策、标准的制定、实施和考核，并以贫困地区为突破口，促进公共文化服务均等化，推动基层资源共建共享，统筹实施公共文化服务重大工程。第三，扩大中华文化的国际影响，使传统文化元素迸发新活力。在吸收借鉴国外优秀文化成果的同时，深化对外文化交流，挖掘中国传统文化精髓，使之与中国特色社会主义文化有机结合，向世界讲述好中国的故事，传播好中国的声音。第四，引导和支持文化改革发展，坚持正确舆论导向，加强文化政策法规建设。深化文化体制改革推动了文化立法步伐，完善了文化经济政策，推进文化领域宏观调控目标和政策手段的机制化建设。

文化是经济发展的助推器，深化文化体制改革是发展产业经济的必然要求。一方面，要统筹好意识形态属性与商品属性的关系，既要把握文化发展规律，突出教育人民、引导社会的功能，又要符合市场经济规律，注重通过市场机制实现文化再生产、文化消费和文化传播。另一方面，要统筹文化事业与文化产业的关系，文化事业坚持政府主导、财政支持，保障人民基本文化权益；文化产业坚持市场主导、企业主体，满足人民群众多层次多方面的精神文化需求。

实践是检验真理的唯一标准，深化文化体制改革一分部署，九分落实。要真正推进《实施方案》，还应把抓落实作为工作重点，加强组织协调、深入调查研究、释放政策红利，形成推动文化改革发展的强大合力。

放眼当下，深化文化体制改革是复兴中华文化的必然选择。面对西方文化、传统文化与当代文化，中国特色社会主义文化应该何去何从？中国主流意识形态又应该如何坚持本我而又博采众长？在文化产业日益繁荣的今天，更需要坚定不移地全面推进深化文化体制改革，牢牢地把握其前行方向，促进文化繁荣。民族的复兴离不开文化的振兴，习近平在中央政治局第十三次集体学习时强调核心价值观是文化软实力的灵魂、是文化软实力建设的重点。[①] 社会主义核心价值体系在文化建设中起统领作用，也推进了社会的发展与进步。要使《实施方案》从理论变成现实，必须以高度的文化自觉和文化自信，改革创新，锐意进取，真抓实干，推动文化改革发展不断取得新成果，使中国真正从文化资源大国转变为文化资源强国。

（文/蔡淼）

① 把培育和弘扬社会主义核心价值观，作为凝魂聚气强基固本的基础工程［N］．人民日报，2014－02－26.

4月　大国外交构筑新型共同体

中国推动建立亚洲新型共同体

中国首次发布《空间态势评估报告》

中央纪委继续推进机构改革

国家安全观为中国转型保驾护航

国务院部署2014年政府信息公开工作

青藏铁路建设取得新进展

各地全面推进北斗卫星导航系统规模化发展

中国推动建立亚洲新型共同体

国务院总理李克强2014年4月10日上午出席第十三届博鳌亚洲论坛年会开幕式，发表题为“共同开创亚洲发展新未来”的主旨演讲。在演讲中，李克强结合当前国际形势，指出亚洲正处于发展的关键时期，解决亚洲问题，归根结底还是要靠发展，发展仍然是亚洲国家的第一要务。作为对国际社会唱衰新兴经济体的回应，李克强首次提出“三个共同体”的重要论断，表明了中国带领亚洲发展，促进亚洲繁荣，重塑亚洲主导地位的态度。①

“三个共同体”，即结成亚洲利益共同体、形成亚洲命运共同体、打造亚洲责任共同体。亚洲是当今世界最具发展活力和潜力的地区之一，是世界经济复苏和增长的重要引擎。与此同时，亚洲经济体也面临着一系列重大挑战，一些亚洲国家出现了经济增速下滑等情况，增长动力、发展后劲不足，发展经济、改善民生任务依然艰巨。前进的道路中总有不平坦之处，关键时刻，亚洲国家需要同舟共济、共克时艰。首先，亚洲各国应该坚持共同发展的大方向，结成亚洲利益共同体。在经济全球化背景下，亚洲各国的发展，不可能独善其身，更不是你输我赢的“零和博弈”，而是你中有我、我中有你的互

① 李克强．共同开创亚洲发展新未来——在博鳌亚洲论坛2014年年会开幕式上的演讲［OL］．人民网，2014-04-11.

利合作。其次，亚洲各国应该构建融合发展的大格局，形成亚洲命运共同体。实现亚洲共同发展，根本出路在于经济融合。创造亚洲的美好未来，要靠各国的自身发展，更要靠地区的共同进步。最后，亚洲各国要维护和平发展的大环境，打造亚洲责任共同体。亚洲的进步得益于和平稳定的地区环境，和平稳定是亚洲发展的基础保障。区域内任何国家都不应该因一己之私，挑起地区动荡和不安定因素，各国需形成一个责任共同体。①

“三个共同体”，概括起来，就是“共同发展、融合发展、和平发展”。共同发展，就是要结成利益共同体；融合发展，就是要形成命运共同体；和平发展，就是要打造责任共同体。三者之间具有内在的有机联系。首先，从利益共同体到命运共同体，实现了经济合作层次上的演进。在以往的亚洲区域合作中，提倡尊重各国的利益，充分发挥比较优势，由此扩大总体福利。但是在当今经济全球化的趋势下，各国命运休戚相关，一荣俱荣，一损俱损。只有合作才能共同应对像1998年亚洲金融危机那样的巨大冲击，并且进一步的体制性发展与保障也需要形成一个命运共同体，以抵御内部和外部的危机。其次，由于亚洲各国同处一片大陆，因领土、领海产生的纠纷，以及经济发展中产生的纠纷，需要各国秉持一种负责任的态度，通过和平谈判的方式妥善解决。因此责任共同体的构建，能够为利益共同体与命运共同体的建立保驾护航。最后，“三个共同体”的论断，服务于新时期我国的发展战略。针对美国“重返亚太”的战略部署，中国也必须做好相应的准备。麦金德在其名著《历史的地理枢纽》中指出：谁能控制亚洲，谁就能主宰世界。美国新一轮全球扩张将亚洲作为桥头堡，其目的在于压制中国的崛起，延续全球霸权。中国若要实现和平崛起，就必须有一个广阔的战略腹地用以消解美国“重返

① 李克强．共同开创亚洲发展新未来——在博鳌亚洲论坛2014年年会开幕式上的演讲［OL］．人民网，2014－04－11.

亚太”的冲击。责任共同体的构建，表明整个亚洲国家命运相连，中国会主动担当亚洲经济社会发展过程中的责任，并且督促亚洲其他国家主动维护来之不易的和平局面，共同延续合作发展的良好传统；责任共同体的构建，将会进一步化解因各国经济发展不平衡产生的矛盾与纠纷，为中国战略腹地的建立排除现实的障碍。除此之外，在侧重于经济、社会、环境问题的博鳌亚洲论坛上提出建立责任共同体这一理念，也表明中国开始在国际社会中转变自身的角色定位，中国正以更加积极的态度参与全球事务。

2013 年，国家主席习近平出席第十二届博鳌亚洲论坛，提出了“命运共同体”的论断，并为亚洲的合作发展提出了“勇于变革创新”“同心维护和平”“着力推进合作”“坚持开放包容”四项建议。① 2012 年，李克强首次以国务院副总理的身份参加第十一届博鳌亚洲论坛，提出了“立足内生增长”“秉承开放包容”“实现互利共赢”“促进团结和谐”“坚持和平发展”五项建议。② 2014 年，李克强以国务院总理的身份再次参加博鳌亚洲论坛，提出“三个共同体”的论断。可以看出，新一届中央政府对于亚洲各国的合作发展有一条不变的政策基线，即“包容、合作、和平、发展”，并围绕这几个方面，逐步推进区域一体化。借助博鳌亚洲论坛，中国政府正逐渐将亚洲各国的合作由分散国家间的合作引向亚洲共同体语境下的区域合作；借助博鳌亚洲论坛这一非官方平台，中国政府巧妙地向亚洲各国传达了亚洲一体化的信念，显示了中国带领亚洲发展，促进亚洲繁荣的区域大国的信心与担当。

改革开放以来，中国在经济社会方面取得了举世瞩目的巨大成就，如何将已有的发展成果转化为助推动力、领导实力，是中国推进亚洲新型一体化

---

① 习近平．共同创造亚洲和世界的美好未来——在博鳌亚洲论坛 2013 年年会上的主旨演讲［OL］．人民网，2013－04－08.

② 李克强．凝聚共识 促进亚洲健康可持续发展——在博鳌亚洲论坛 2012 年年会开幕式上的演讲［OL］．人民网，2012－04－02.

过程中的关键一步。中国与亚洲绝大多数国家一样，还处于不发达阶段，因此发展仍旧是一体化进程中的核心议题。“打铁还需自身硬”，中国作为亚洲大国，只有自己发展好了，才有资格和能力推动亚洲的一体化，主导一体化进程。目前，中国将在以下三个方面促进发展：一是向改革要动力。中国政府将进一步加大简政放权力度，建立政府权力清单制度，探索实行负面清单管理模式；着力推动新一轮高水平对外开放，扩大服务业包括资本市场的对外开放。二是向要向调结构要动力。围绕缩小城乡、区域差距和解决产业结构不合理等问题，以结构改革推动结构调整。三是向改善民生要动力，实行更加积极的就业创业政策，加大对高校毕业生、失业人员就业创业的财税金融扶持和服务力度。①

博鳌亚洲论坛是在经济全球化进程加快和亚洲区域经济合作迅速发展的背景下成立的。其一大特色即是经济主导，从一定程度上说，文化、社会等论坛成为经济论坛的点缀。但是展望未来，从利益共同体到命运共同体，不仅仅需要经济的互补与协同发展，更需要文化、价值的相互融合；并且责任共同体的建立，也需要有与之匹配的责任观作为支撑。中国可以借助历史上亚洲曾形成东亚文化圈的有利条件，在尊重各国多元文化的基础上，求同存异，倡导源于亚洲、适于亚洲、利于亚洲的共同文化观念与价值追求，从区域的硬实力大国转变为软实力大国，增强亚洲共同体的文明认同感、文化凝聚力、价值向心力，以此为亚洲共同体提供强大的文化支持，抵抗欧美文化对亚洲传统文化的消解，在日益残酷的国际竞争中保持区域竞争优势。中国正在崛起，亚洲正在崛起，建立新型亚洲共同体，符合历史发展的潮流，是维持亚洲持久和平与繁荣发展的最佳方式。中国应该紧紧把握这一历史机遇，

---

① 李克强．共同开创亚洲发展新未来——在博鳌亚洲论坛 2014 年年会开幕式上的演讲［OL］．人民网，2014 - 04 - 11.

为中华民族的伟大复兴创造有利的区域环境，为人类的和平、发展、进步事业，贡献自己的力量。

（文/杨煜超）

中国首次发布《空间态势评估报告》

4月17日，我国首个《空间态势评估报告》（以下简称《报告》）对外发布。《报告》由中国航天钱学森运载技术实验室空间态势评估课题组完成，第一次以“中国视角”向公众全面展示了国际空间活动相关领域的现状，并从学术研究的角度评估和预测了未来空间发展的可能趋势。《报告》指出，在航天设施与装备上，空间活动显著体现出“大国游戏”的本质。目前世界上只有美国、加拿大等少数国家发布类似报告，此次《报告》的发布在一定程度上显示我国在国际空间活动中地位的提升。

《报告》将空间活动视作一个完整的体系。空间法律政策、航天设施装备、组织机构人员等是空间活动的基础，属于显性硬实力；空间装备的使用策略、军民商的权衡协调、国际交往合作等策略，属于隐性硬实力；而空间资源与环境、社会理念及科技环境、空间态势的感知能力，属于可以从根本上彻底颠覆游戏规则的决定性软实力。未来空间活动将更加注重体系化能力的建设与运用，并需要依托对空间态势的认知与把握能力。因此，中国作为一个发展中大国，必须对外层空间的态势有清楚的认识，了解空间态势的现状与发展趋势，积极参与到外层空间的探索和开发之中。

《报告》指出，在空间行为活跃度和空间军事行动体系支持能力的综合评估中，美国以绝对的综合优势领先国际航天界。评估显示，美国长期培育形成了基本完备的空间军事体系支持能力，真正拥有动用“空间武装力量”的全面能力储备，并正在使得空间力量成为更加实战化与实用化的战略力量。《报告》还对未来的空间态势做了分析和预测。其中之一就是空间态势开始呈现团队化趋势。课题组研究人员发现，近两年来人类的空间活动已经日益体系化，航天大国之间的博弈已从早年较为单线程、个体化的“跑步式比赛”逐步演变为多头并进的，更加体系化、团队化的“足球比赛”。“民为军用”则是未来空间活动的另一趋势。近年来，国际上民用航天在担负公益性服务与科学探索任务的同时，越来越多地具有了支持军事应用的功能，呈现出“民为军用”的趋势。未来，国家可能通过购买、租用等方式迅速获得民用航天设施。例如，2012 年美军在“施里弗 2012 国际演习”中使用了“利用商业平台搭载军用载荷”的空间联盟作战方式。可以预见，这种“民为军用”的趋势会得到进一步发展。

中国的太空实践已经经历了 40 年的时间，这 40 年中国从一个埋头苦干、卧薪尝胆的卫星制造国、发射国转变为一个可以独立登月、进行各项空间实验的大国。《报告》的发布向世界表明中国提升空间活动透明度的努力并愿意承担相应的责任。对中国而言，《报告》的发布有重要意义，对外层空间态势的认识和把握，是中国制定国家安全政策的重要考量和依据。相比于显性硬实力和隐性硬实力，空间感知能力属于可以从根本上彻底颠覆游戏规则的决定性软实力。也就是说，《报告》表明中国正以积极的姿态参与空间活动，并在空间秩序的形塑中发挥自己的作用，承担更多的责任。

（文/刘建伟）

中央纪委继续推进机构改革

2014 年 4 月 15 日，时任中央纪委常委、中央机构编制委员会委员、办公室主任张纪南做客中央纪委监察部网站接受在线访谈，对党的十八大以来中央纪委推进机构改革和创新体制机制进行解读。此前中央纪委副书记陈文清和吴玉良也曾于3月做客该网站，就中央纪委深化改革举措与网友交流。王岐山主政中央纪委之后，分别于2013年9月和2014年3月中旬进行了两次内部机构调整。根据中央纪委监察部网站3月17日公布的第二次机构改革方案，原有的6个内设机构整合为3个，新增3个内设机构，重新组建两个内设机构，改革后，中央纪委监察部机关内设机构总数和行政编制总数均保持不变。

在过去的一年里，中央纪委凭借其反腐的雷霆手段和信息的及时公开，备受民众关注。在新一届中央领导集体领导下，随着全面从严治党的大力推进，纪委监察系统在政治权力格局中的地位相较以前更受瞩目，其政治检查和监督职能更加强化。从派出多个巡视组、多次座谈调研、开通官方网站、鼓励民间监督，到对自身内设机构进行调整完善，都是为了加强中央纪委的监察职能。

在此次内设机构改革的具体方案中，中央纪委在原有的干部室基础上组建了组织部，在宣传教育室基础上组建了宣传部。这种调整主要基于以下考虑，一是中央纪委是由全国党代会选举出的党内监督机关，建立纪委的组织部和宣传部与中央纪委的自身地位是相适应的，也更体现了中央纪委的重要地位。二是有利于实现党的十八届三中全会提出的制度反腐的改革方向，尤其是组织部的设立，使监察干部的任免更加独立。三是切合当前工作需要，重组组织部，通过具体化、组织化、程序化落实中央纪委对于下级纪委在人权和事权上的领导；重组宣传部，既契合了“中央纪委要面向全党讲话”的要求，又通过互联网等媒介平台加强了中央纪委的信息公开，体现了网络反腐和民间监督的理念，这一点从2013年9月开通至今已经颇见成效的中央纪委监察部网站可见一斑。

在本次内设机构改革中，中央纪委通过机构整合，优化组织架构，聚焦主业主责，集中力量反腐。中央纪委将原来的办公厅、监察综合室整合为办公厅，将原来的党风政风监督室（国务院纠正行业不正之风办公室）、执法和效能监督室整合为党风政风监督室（国务院纠正行业不正之风办公室），将原来的预防腐败室（国家预防腐败局办公室）、外事局整合为国际合作局（国家预防腐败局办公室）。同时新设两个纪检监察室，将原本由第一监察室负责的金融业单位转交第四监察室负责，国资委和央企等单位转交给第五监察室负责，再次体现出近一年间中央纪委将中央企业、国有金融企业作为反腐重点关注对象的想法。近 30 年间，纪委的职能和权力机构呈现出外延扩大而内涵缩小的问题，管理的事务看似越来越多，但是真正的作用即对于同级党委和常委会成员的监督却没能有力完成，因此习近平在中央纪委第三次全会上强调要形成科学的权力结构。新一届中央纪委通过机构改革对“非战斗”人员进行合并同类项，对监察工作细化行业分工和加强监察力度，将原本分散的力量集中起来，加强了查办案件的组织力量，聚焦中央纪委监督执纪问责这一主要职责，改革后的执纪监督相关部门数量和人员力量分别占到内设机构总数和人员编制总数的近 70%。①

本次改革中新设的纪检监察干部监督室的职责是加强对纪委自身的监督。十八届中央纪委三次全会明确指出，对纪检监察干部要严格要求、严格监督、严格管理，对违纪违法行为零容忍。中央纪委在近一年间通过各项举措加强自身建设和自我监督：2013 年全国纪检监察系统率先开展会员卡清退活动，2014 年年初中央纪委通报四起纪检监察干部违反八项规定精神的典型案件，随后又下发通知要求对纪检监察干部违反中央八项规定精神的案件一律在中

---

① 强化反腐败体制机制创新和制度保障，深入推进党风廉政建设和反腐败斗争［N］. 人民日报，2014－01－15.

央纪委监察部网站点名曝光。此次新设纪检监察干部监督室，是中央纪委进一步加强和完善内部监督机制，注重自身监督的体现。

此次中央纪委内设机构的调整，最为明显的影响在于地方纪委相继进行内设机构调整，最为直接的效果是加强了对纪委干部自身的监督。中央纪委进行了内设机构调整后，按照中央纪委监察部“转变职能、转变方式、转变作风”的要求，在人员不增、编制不加的前提下，四川、甘肃、辽宁、山西、新疆、北京、天津等省市各级纪委相继精简议事协调机构，增设纪检监察室，突出监督主业。需要注意的是，地方纪委在参照中央纪委进行内设机构调整的同时，更需要真正理解中央纪委的深层考量和反腐决心。纪检监察干部监督室是对群众提出“谁来监督纪委”呼声的一种积极回应，也是中央提出防止“灯下黑”的积极举措。但是，纪检监察干部监督室仍然立足于同体监督，而非异体监督。从长远来看，要实现对纪检系统的异体监督，首先必须分开党委内部的决策权、执行权和监督权，[①] 使党内民主与党内监督共存和发展；其次要制定合理有效的渠道引入来自人民群众的党外监督，才能真正实现对纪委的有效监督，保证纪委内部的纯洁性和提高纪委工作的有效性。

（文/彭博）

国家安全观为中国转型保驾护航

2014 年 4 月 15 日习近平主持召开中央国家安全委员会第一次会议并发表重要讲话，强调要准确把握国家安全形势变化新特点新趋势，坚持总体国家

① 李永忠．解读中央纪委机构调整［N］．凤凰周刊，2014－04－27.

安全观，走出一条中国特色国家安全道路。[①]

这是习近平一周内第三次提及国家安全，前两次是：4 月 9 日，习近平视察北京市郊武警特种警察学院，指出武警部队是维护国家安全和社会稳定的重要力量；[②] 4 月 14 日，习近平赴空军机关调研，指出空军在国家安全和军事战略全局中具有举足轻重的地位和作用。[③]

“国家安全观”有三个显著特征：

第一，它是“总体国家安全观”，具有高度的总括性和体系性。这是由国家安全的时代特征决定的。习近平指出，当前我国国家安全内涵和外延比历史上任何时候都要丰富，时空领域比历史上任何时候都要宽广，内外因素比历史上任何时候都要复杂，必须坚持总体国家安全观，以人民安全为宗旨，以政治安全为根本，以经济安全为基础，以军事、文化、社会安全为保障，以促进国际安全为依托，走出一条中国特色国家安全道路。[④] 国家安全已不只是传统意义上的军事安全，而是一个全方位、系统性的概念。一方面，其外延更加丰富，11 种安全被列入国家安全体系，涵盖了国家安全的重要内容；另一方面，其内涵也更丰富，包括传统安全与非传统安全，内部安全与外部安全，国家安全不只是传统意义上的领土与主权安全，现在由于时代的发展，除了传统的军事安全，非传统的安全问题越来越多，包括资源、能源、生态安全等，构成了国家安全更加丰富的内涵。民族矛盾可能引发经济危机和政治危机，国际上一个区域内的经济危机可能造成区域外一个国家的政治危机，

---

① 坚持总体国家安全观，走中国特色国家安全道路［N］. 人民日报，2014-04-16.

② 曹智，张东波. 习近平视察武警部队特种警察学院并为“猎鹰突击队”授旗［N］. 人民日报，2014-04-10.

③ 张玉清，李宣良. 加快建设一支空天一体攻防兼备的强大人民空军 为实现中国梦强军梦提供坚强力量支撑［N］. 人民日报，2014-04-15.

④ 坚持总体国家安全观，走中国特色国家安全道路［N］. 人民日报，2014-04-16.

在全球同住一个村、环境瞬息万变的今天，人类建立了前所未有的便利联系，也遭遇着越来越复杂的安全挑战，蝴蝶效应更是在全球不断显现。因此必须建立“总体国家安全观”实现对安全问题的统筹，形成具有体系性质的安全意识，从系统论的角度考量国家安全。

第二，国家安全观以人民安全为宗旨。习近平指出，既重视国土安全，又重视国民安全，坚持以民为本、以人为本，坚持国家安全一切为了人民、一切依靠人民，真正夯实国家安全的群众基础。① 安全是人的最基本需求，也是国家应为国民提供的最基本保障。我国国家安全观的出发点和落脚点都是“人民安全”，从这个角度看，国家安全是手段，而人民安全是目的。

第三，国家安全观兼顾了安全与发展，对内求发展、求变革、求稳定、建设平安中国，对外求和平、求合作、求共赢、建设和谐世界。习近平指出，既重视发展问题，又重视安全问题，发展是安全的基础，安全是发展的条件。② 国家安全与国家发展相辅相成，缺一不可。保障安全就是维护社会稳定和正常秩序，一个国家的发展必须建立在稳定之上，动乱与纷争必然导致国力衰弱，甚至丧失主权。

国家安全观的三个特征既反映了全球化时代国际局势多极化发展导致的安全概念的变化，也反映了我国在转型崛起的进程中所面对的挑战更加多样、多元和复杂。国家安全观关注的“安全”与制度、文化、意识形态的差异以及主权归属的争议等一系列复杂因素有关。安全既关系到个人如何生存，又关系到国家如何发展。

国家安全观的提出与安全问题的紧迫性相关，与我国在转型崛起进程中所面对的挑战相关。2010 年，中国超过日本成为世界第二大经济体，中国崛

---

① 坚持总体国家安全观，走中国特色国家安全道路［N］．人民日报，2014－04－16.

② 坚持总体国家安全观，走中国特色国家安全道路［N］．人民日报，2014－04－16.

起成为21世纪最重大的事，在这一背景下，一方面我们要深化改革谋发展，另一方面要为自己创造一个有利的国际环境。习近平提出总体国家安全观，为做好新形势下的国家安全工作提供了清晰的路径，也为应对新时代人类安全挑战提供了理论依据。

总体国家安全观的提出，一是要维持国内政治、经济、社会秩序的稳定，二是要在国际上实现和平崛起，即习近平提出的“平安中国”与“和谐世界”两个维度。

首先，对内有助于处理整体与局部、人民与国家两对关系。“平安”本指个人安全，强调国家安全观的核心是人民的安危和最基本利益；而“中国”强调安全观的整体性、体系性，它关注的重点是整个国家的安全问题，只有处理好国家转型过程中出现的一系列矛盾，个人安全才得以保障，社会稳定才能得以维持。

其次，对外有助于缓解内部和外部一对矛盾。“和谐世界”继承了中国建设和谐社会的一贯立场，一方面，为和平崛起创造舆论环境，同时也是为自身的转型创造空间；另一方面，通过推行传统文化中的“和谐”概念，中国期望建立全新的国际秩序，增强在国际社会中的话语权，构建有利于国家发展的和平环境。

（文/彭飞）

国务院部署2014年政府信息公开工作

2014年4月，国务院办公厅《关于印发2014年政府信息公开工作要点的通知》发布，要求坚持把公开透明作为政府工作的基本制度，明确提出“以公开为原则，不公开为例外”，重点围绕行政权力运行、财政资金、公共资源配置、公共服务、公共监管五方面统筹推进政府信息公开，强化制度机制建设。这是继《政府信息公开条例》颁布之后，推动政府观念转变的重大进步，体现了新一届政府深化改革、建设服务型阳光政府的强大决心，将对解决已有的政府信息公开问题，建设法治政府、创新政府、廉洁政府发挥促进作用。

2008 年 5 月 1 日，《政府信息公开条例》正式开始实施，标志着我国的政府信息公开工作开始纳入法制轨道。政府信息公开是现代政府对人民负责的标志之一，有助于充分发挥人民民主，增强政府公信力和改革正当性。同时，政府信息公开为引入公众监督另辟新径，若与问责机制、反腐举措等相配套，将极大地提高政府各部门、各地区的行政效率。

近年来，无论是“三公”经费公开，还是行政权力清单公布，政府信息公开工作取得的进步是不容置疑的。但是当前工作中仍存在诸多问题，存在机制性和观念性瓶颈，表现在以下四个方面：第一，发布不主动，更新不及时，缺乏明确的考核标准。一方面，部分司局或少数政府部门对信息公开重视不够，对主动公开政府信息的职责不了解，对信息公开的原则、范围、方式和目标不明确，造成信息发布不及时、不充分；另一方面，现有法规未对公开范围做出明确界定，导致政府部门在信息公开中无具体标准可循，个别部门或地区以此为借口“逃避”公开义务。第二，公开渠道单一。当前政府信息发布的主要渠道是新闻发布会、门户网站和报刊电视，新媒体渠道欠缺，公众无法便捷地取得公开信息。第三，公开信息内容难以匹配群众关注需求。公开内容多成绩宣传，贴近性不足。公开的信息群众不关注、群众关注的信息不公开，特别是涉及群众切身利益、社会关注度高的领域，如“三公经费”、食品药品安全、环境保护、征地拆迁等。第四，群众参与和监督机制不完善。群众申请政府信息公开在现实中困难重重，直接参与的评论机制也没有建立起来，导致政府公布信息的客观和真实性难以得到民众认可。

本次国务院发布的政府信息公开工作要点，对上述问题具有较强的回应性。首先，在原则上确定政府信息公开的范围，明确将之前“能公开的尽量公开”修改为“以公开为原则，不公开为例外”；在具体内容上确定行政权力运行、财政资金等信息的公开程度，如要求“细化说明因公出国（境）团组数及人数”等，为及时、充分地公开政府信息确立标准。其次，在公开渠道上，要求加强新闻发言人制度和政府网站、政务微博微信等信息公开平台建设，充分发挥广播电视、报刊、新闻网站、商业网站等媒体的作用，保证公开渠道的多样化和公开受众的普遍性。再次，在信息内容和评价监督机制上更加贴近群众。一方面，加强公民监督机制，公开前准备通俗易懂的解读材料，公开时组织专家进行科学解读、阐释，公开后做好社会关切事项回应工作，建立健全政务舆情收集、研判、处置和回应机制，让老百姓真正看得懂、能说话。另一方面，加强公众教育，树立知情权意识，使公众更多参与政府信息公开申请行动。

政府信息公开是保障公民知情权、参与权、监督权的要求，是稳定国家权力、建设现代政府的基石。推进政府信息公开，反映出政府执政观念的转变。本次国务院对政府信息公开工作的部署，把我国政府信息公开工作推进一大步，对不断增强政府信息公开实效、进一步提高政府公信力具有指导性意义。然而，在切实推进政府信息公开工作的过程中，仍然存在着许多阻碍公民对政府信息的知情权实现的因素，比如行政部门缺乏公开意愿。此外，还存在法律方面的原因，《政府信息公开条例》及其他配套的政府信息公开制度存在着一定的漏洞；作为执行机构的行政机关，其法律执行能力不足。要建立开放政府、阳光政府，必须完善相关立法和配套机制，尤其是强化监督机制和责任追究制度。同时，应当明确公开信息和国家机密的界限，把握防范社会危机和保障公民权利之间的尺度，保证信息公开工作扎实、稳定地推进。

（文/王沛嘉）

青藏铁路建设取得新进展

2014年4月15日，世界上最长的高原铁路隧道——青藏铁路西宁至格尔木增建二线新关角隧道全线贯通。历时近7年的艰苦建设，这条最高海拔为3497.45米、全长32.645公里的“天路”隧道破解了多项世界技术难题，创造了世界高海拔第一铁路长隧的建设奇迹，进藏铁路用时将缩短近两个小时。随着该条隧道的全线贯通，青藏铁路运输能力有望大幅提高，这将对我国政治上统一稳定、区域经济协调发展和多民族文化交流沟通等方面带来深远的影响。

新关角隧道贯通后的青藏铁路将进一步带动青藏地区社会经济的发展，尤其体现在以下几方面：

第一，在政治层面，青藏铁路的建成与提速能够促进民族的团结统一，加强和完善中央对地方的军事战略布局，有利于稳定边疆局势。青藏铁路的建成完善了中国的铁路网布局，并一举实现西藏自治区的立体化交通。从原有铁路网布局看，西藏是一片空白，不仅如此，西藏与青海、青海与新疆均无铁路相连，青藏铁路纵贯青海、西藏两省区，是沟通西藏、青海与中原地区具有战略意义的通道，也是西部腹地路网骨架的重要组成部分，是今后建设区内路网的骨干铁路。青藏铁路通车后形成的铁路、公路和航空的立体化交通，彻底解决了“进藏难”的问题。同时，这一立体化交通网络的形成对民族团结、国家统一有着重要意义，为维护边疆安全稳定的军事战略部署和调动不再受到运力的限制，以往航空和公路调动军队及物资限制的情况将因此得到解决。中央地方关系在这一交通网络的发展后将更加密切，入藏时间上的缩短减少了空间上的距离感，原有的公路与航空运输运力有限的问题得到解决后，中央对青藏地区的治理将更加有力。

第二，在经济层面，青藏铁路极大地改善了影响经济发展的交通运力，带动了青藏地区矿物资源外运能力并实现了进藏物资批量化。青藏铁路一期工程（西宁至格尔木段）建成运营十多年来，已成为开发青海柴达木盆地及推动青、藏两省区经济发展的主要交通线路。它促进了青海钾肥厂、锡铁山铅锌矿、青海铝厂、青海油田、格尔木炼油厂、茫崖石棉矿和龙羊峡、李家峡两座大型水电站等一大批大中型项目的建设和发展，为青海460万人民脱贫致富和现代化建设打下了坚实的基础；同时也为西藏的开发发挥了重要作用，现在进藏物资85%以上都要通过格尔木来转运。新关角隧道的贯通将极大地提高综合运输能力，从根本上改善两省区的交通条件和投资环境。建设青藏铁路，将对青、藏两省区的经济发展提供更广阔空间，使其优势资源得以更充分发展。同时，无论是国家巨额的投资，还是建设铁路所需的大量人力、物力，都将直接拉动青海、西藏两省区的经济发展，并促进其产业结构的合理调整，加快城镇化和工业化、现代化的进程，实现“跳跃式”的发展。

第三，在文化层面，青藏铁路的建成加强了国内其他广大地区与西藏的联系，同时开发了青海、西藏两省区丰富的旅游资源，促进藏族与其他各民族的文化交流。青藏铁路的修建，吸引了越来越多的海内外游客，促进青海、西藏两省区的旅游事业飞速发展，使之成长为新的经济增长点，成为两省区国民经济的支柱产业之一。青藏铁路的建成与提速不仅有利于外界更多地认识藏文化，还为西藏人民认识外部世界打开了一扇窗户。

新关角隧道的贯通，使我国高海拔特长隧道设计建设达到世界先进水平，同时也刷新了我国最长铁路隧道的纪录。该条铁路将为拉萨至日喀则铁路和未来的拉萨至林芝铁路储备运力。与此同时，该隧道的贯通，为兰新铁路客专全线通车运营奠定了坚实基础，也为我国乃至世界高海拔地区复杂地质条件下的高速铁路长大隧道建设积累了宝贵经验。西藏处于欧亚大陆的中心地区，是沟通中国与中亚和南亚的门户地带，青藏地区的稳定对于国家安全具有不可忽视的意义，高原铁路隧道贯通后将促进西藏、青海两省铁路网结构进一步完善，把广阔的西部地区连接在一起，青藏铁路将在政治、经济、文化等方面发挥更大的影响力。

（文/郭迁迁）

各地全面推进北斗卫星导航系统规模化发展

2014 年 4 月，中国北斗卫星导航地面增强系统率先在湖北和上海落成使用，天津市北斗卫星导航定位地面增强系统也进入建设阶段，作为北斗系统计划的一部分，地面增强系统能够进一步提高位置服务精度，是开拓北斗精密定位应用的必备设施，是提高北斗系统服务能力和竞争力的必要手段。该项目在全国范围内普遍推广后，可以满足北斗系统精密定位用户和导航用户的需求，发展的规模化意味着，中国自主建设、独立运行并与世界其他卫星导航系统相兼容的全球卫星导航系统建设取得了突破性进展。

作为我国新兴产业的重要组成部分，推进卫星导航系统规模化形成产业能够推动产业结构调整、提高社会生产效率、改善人民生活质量，使科技成果造福于民，具有重要的现实意义。北斗卫星导航系统在全国范围内推广之后，形成了规模化发展的趋势，主要体现在：第一，各地搭建北斗地面增强系统，提高系统服务能力和竞争力。加强地面基础设施建设能够为中国及周边大部分地区提供面向行业和大众应用的定位服务，可以精确到“实时分米级”和“事后厘米级”。第二，标准化、数字化推进规模化发展。全国北斗卫星导航标准化技术委员会的成立促进了技术的标准化，将逐步形成完善的标准体系支撑北斗产业发展。北斗二号卫星工程的一颗卫星实现了整星数字化三维模型，标志着数字化进程取得了重要成果。[①] 统一的标准、完善的体系将进一步推动北斗系统规模化发展。第三，发展民用，稳步推进全球系统建设。民用应用尽管起步较晚，但有后发优势，可以在社会服务、旅游出行、困难群体关爱、智慧城市等方面得到多元化应用。到 2020 年，我国将发射 30 余颗北斗导航卫星，完成覆盖全球的建设目标，具备全球服务能力。

面对全球卫星导航多系统并存的竞争，要使北斗真正推动我国卫星行业产业健康可持续发展，需要积极引导其向产业化发展。我们应加强统筹协调，形成发展合力，发布国家政策，完善政策法规，优化发展环境，加强标准建设，提升发展水平，加大公共投入，鼓励企业创新。一方面，要扩大应用规模，加快北斗导航定位服务民用基础设计建设，形成完整的卫星导航综合应用基础支持系统，有效增强卫星导航系统性能和服务能力，夯实产业发展基础；另一方面，要推进北斗系统在设计国民经济安全重要领域的应用，逐步解决我国时频系统长期依赖国外系统的安全隐患；除此之外，还应推动北斗系统在大众领域的规模化应用，使科技投入能够得到多元化应用，从而提升产业规模、服务社会大众。

发展卫星导航产业对于推动产业结构调整、提高社会生产效率、改善人民生活质量、提升国家核心竞争力具有重要的现实意义和长远的意义。中国人自古便有“可上九天揽月”的梦想，在空间秩序的博弈中，大国必应具备其独门利器。北斗卫星导航产业的规模化发展首先体现了国家科技力、综合国力，展现了现代信息社会中科技强国的风采；其次，北斗卫星导航产业保障了国家安全，我国不必依赖外国的技术，消除了一定的安全隐患；最后，北斗卫星导航产业规模化能够真正地用之于民，在交通、渔业、水文气象和应急救援等诸多领域发挥了重要作用，同时也以新技术带动新的经济增长点，

---

① 张洪波．北斗导航卫星研制数字化进程获重要成果［N］．中国航天报，2014－03－28.

促进产业结构的优化升级，鼓励有利于创新的资源充分涌流。

北斗卫星导航地面增强系统在全国各地落成使用释放了这样的信号：北斗系统不仅仅具有战略意义，更重要的是具有民用、经济价值。无论是在智慧城市的设计中，还是旅游出行的导航定位，北斗卫星导航地面增强系统在全国各地的基础设施建设意味着科技要为民用事业做出贡献，由一个中心到多个点，意味着规模化的进一步推进。中央地方联动，技术试点与规模化发展并举，北斗卫星导航系统必定会强国富民，逐步具备开放兼容的全球服务能力。

（文/蔡森）

5月　边疆治理新举措

习近平激励青年践行社会主义核心价值观

中非合作走向升级版

中央部署新一轮新疆工作

生产性服务业成经济升级新引擎

新“国九条”直指金融治理现代化

多地试行公务员聘任制

广州吹响产业转型升级集结号

习近平激励青年践行社会主义核心价值观

2014 年 5 月 4 日，习近平主席来到北京大学考察并发表重要讲话。习近平肯定了五四运动和五四精神的历史意义，激励广大青年在党的领导下，勇做走在时代前列的奋进者、开拓者、奉献者，担负起历史重任，让五四精神重放时代光芒，并强调广大青年要树立并践行社会主义核心价值观。

习近平在演讲中指出，五四精神是社会主义核心价值观的组成部分。五四精神体现了中国人民和中华民族近代以来追求的先进价值观。爱国、进步、民主、科学，都是我们今天依然应该坚守和践行的核心价值，这些价值都是社会主义核心价值观的组成部分。社会主义核心价值观关乎我们国家和民族的未来。人类社会发展的历史表明，全社会共同认可的核心价值观是对一个民族、一个国家最持久、最深层的力量，承载着一个民族、一个国家的精神追求，体现着一个社会评判是非曲直的价值标准，也是体现着民族认同感，很大程度上决定着一个国家和民族的未来。社会主义价值观的培育重点是广大青年。因为青年的价值取向决定了未来整个社会的价值取向，而青年又处在价值观形成和确立的时期，抓好这一时期的价值观养成十分重要。[①] 因此，

---

① 徐京跃，霍小光．青年要自觉践行社会主义核心价值观，与祖国和人民同行努力创造精彩人生［N］．人民日报，2014 - 05 - 05.

国家、社会以及青少年本身必须重视对青少年社会主义价值观的塑造。习近平对广大学生提出四点要求：一是要勤学，下得苦功夫，求得真学问；二是要修德，加强道德修养，注重道德实践；三是要明辨，善于明辨是非，善于决断选择；四是要笃实，扎扎实实干事，踏踏实实做人。教育是培育社会主义价值观的最有效途径。为此，必须发挥广大教师的学术精神和人格魅力，铭记教书育人的使命，以人格魅力引导学生心灵，以学术造诣开启学生的智慧之门。

改革开放以来，党和国家对社会主义文化建设的认识不断与时俱进，对文化建设的本质和规律的把握日益深化，在实践中逐步形成了有中国特色的文化发展观。改革开放初期，邓小平强调经济建设和精神文明建设“两手都要抓，两手都要硬”；江泽民提出的“三个代表”中也强调中国共产党要始终代表中国先进文化的前进方向，要不断促进全民族的思想道德素质和科学文化素质；胡锦涛则在科学发展观中强调大力推动社会主义文化发展大繁荣。改革开放以来，几代领导人都十分重视文化的发展，这是因为文化作为一种精神力量对于物质世界具有巨大的反作用，任何时代都必须重视文化建设。社会主义核心价值观是我国文化建设的灵魂，这正是习近平主席在北大演讲中强调五四精神、强调社会主义核心价值观的原因。

从联合国教科文组织的演讲到欧洲多国的访问，习近平在不同场合多次强调文明和核心价值观的重要性，表明党和国家对文化以及教育的重视，明确了对青少年社会主义价值观塑造的重要意义，可以说抓住了文化建设和教育发展的核心和要害。这表明，我国在经济建设取得巨大成就的今天，必须要重视文化建设和教育发展，弘扬社会主义核心价值观，只有这样，才能为经济社会的持续发展提供充足的精神动力，才能建成富强民主文明和谐的社会主义现代化国家，实现中华民族伟大复兴。

（文/刘建伟）

中非合作走向升级版

2014年5月4日至11日，李克强对埃塞俄比亚、尼日利亚、安哥拉、肯尼亚等非洲四国进行正式访问，并于5月5日访问非洲联盟（以下简称“非盟”）总部。在访问中李克强以两场演讲精彩阐释“非洲观”，并提出中国愿与非洲国家共同推进中非合作的“四六一”框架，打造中非合作升级版。① 这是李克强就任总理以来首次出访非洲，也是继2013年3月中国国家主席习近平访问非洲之后，中国新一届政府领导人的第二次非洲之行，说明非洲对于中国的意义非同一般。

作为世界上最大的发展中国家和最大的发展中大陆，中国和非洲一直以来都是休戚与共的命运共同体。而今，中非关系已经进入全面发展的快车道，需要构筑双方合作的全新框架。而李克强此次访问正是中非关系承前启后，打造合作升级版，构筑合作新框架的有利契机。20世纪五六十年代，新中国第一代领导人和非洲老一辈政治家共同开启了中非关系新纪元。中非交往50多年来，双方关系一直保持着“兄弟般的友好”，李克强此次访非是历史的传承，友谊的延续；新时期的中非合作机遇与挑战并存，在非洲快速发展和中国全面深化改革时期，中非合作势必加深，合作中不可避免地会出现一些问题和挑战，需要中非双方密切沟通交流，因此，李克强此次访非也是解决问题、深化关系的必然需求；除了展现中国新一届中央领导集体对中非友好关系的重视，作为政府首脑，李克强此次访非更是从具体层面推进新时期中非合作，落实习近平主席2013年访非成果。2013年习近平访问非洲，重在规划新时期中非关系方向性、原则性、战略性问题，而此次李克强的访问则重在

---

① 吴乐珺，倪涛．提出“461”中非合作框架，打造中非合作升级版［N］．人民日报，2014－05－06.

从具体层面推进各领域合作，中非将以此为契机，谋划新时期务实合作的“升级版”。

李克强此访首提中非合作“四六一”框架，助推中非合作驶入快车道，访问行程遍及非洲东部、西部、南部等几个次区域，凸显中国“面向全非外交”模式。李克强于5月5日在非洲联盟总部发表题为“开创中非合作更加美好的未来”的演讲，提出“四六一”框架，即坚持平等相待、团结互信、包容发展、创新合作四项原则，推进产业合作、金融合作、减贫合作、生态环保合作、人文交流合作、和平安全合作六大工程，完善中非合作论坛这一重要平台，打造中非合作升级版，携手共创中非关系发展更加美好的未来。①这一框架的提出无疑为新形势下的中非关系未来发展指明了方向，“四项原则”是周恩来总理提出的中国处理同非洲和阿拉伯国家关系五项原则的传承和在新时期的发展；“六大工程”又从可操作层面出发帮助非洲国家创造良好条件；“中非合作论坛”更是持续了十多年，对于落实中非各项合作措施具有重要意义的实践平台。另外，李克强此访行程依次为埃塞俄比亚、尼日利亚、安哥拉和肯尼亚，遍及非洲东部、西部、南部等几个次区域，而且这四个国家也各具代表性，其中有中国的传统友好国家，也有中国在非洲重要的经济合作伙伴，这样的行程安排，体现中国对非外交的多元和全面。李克强此次非洲之行的“全面”，不仅体现在访问行程上，更体现在具体的访问内容中。李克强访非期间，除了领导人会谈、会见，中非双方还签署近60份合作文件，涉及政治、经贸、文化、卫生、农业、人员培训等诸多领域。

李克强此次访非，使得中非合作发展方向更加明确，在充分体现中非友

① 吴乐珺，倪涛．提出“461”中非合作框架，打造中非合作升级版［N］．人民日报，2014－05－06.

好关系的同时，也向世界展现了中国在外交中的大国情怀。一方面，此次访非表明新时期的中非合作不再是冷战时期“穷帮穷”的南南合作，而是中国的发展阶段和非洲发展阶段的一个梯次承接、包容发展、务实合作，也预示着中非合作将由“硬领域”提升至“软领域”，即在夯实中非之间业已强劲的贸易与基础设施等“硬件”层面合作的同时，将注重提升中非在金融、减贫、生态环保、人文交流、和平安全等“软件”层面的合作水平。另一方面，此次访非在一定程度上也回应了西方对中国对非政策的质疑和偏见。近年来，世界上也有少数人对中非合作抱有偏见。从散播“新殖民主义论”到指责“中国掠夺非洲自然资源”，戴着有色眼镜点评中非合作的声音也曾出现在一些西方媒体上。而中国正是以实际行动阐释并证实着中方对非关系所秉持的“真、实、亲、诚”的理念，同时也向世界展现着中国友好互助、真诚团结的大国姿态。

（文/俞莎莎）

中央部署新一轮新疆工作

2014 年 4 月 27 日至 30 日，中共中央总书记、国家主席、中央军委主席习近平到新疆考察。这是党的十八大以来习近平首次赴新疆考察，4 天的考察行程中，习近平多次发表重要讲话，明确提出做好新疆工作的一系列新要求，着重强调新疆工作的着眼点和着力点是社会稳定和长治久安。[①] 5 月 26 日中共中央政治局开会研究进一步推进新疆工作，28 日至 29 日中央召开第二次新疆工作座谈会。两次会议都将新疆工作摆到党和国家工作全局中重要的战略

① 紧紧依靠各族干部群众共同团结奋斗，建设团结和谐繁荣富裕文明进步安居乐业的社会主义新疆［N］．人民日报，2014－05－01.

位置，强调社会稳定和长治久安是新疆工作的总目标，并对就业、教育、兵团建设和南疆发展等具体问题做出了全面的部署。

2010年5月17日，第一次中央新疆工作座谈会确立了推进新疆跨越式发展和长治久安两大历史任务。而2014年第二次中央新疆工作座谈会把“社会稳定和长治久安”放在了首要地位，可以看出中央对新疆工作的着力点发生了变化，社会稳定成第一要务。2009年发生的“7·5”事件引起中央高度重视，随后专门研究部署维护新疆社会稳定工作，希望通过发展经济、解决贫困来稳定新疆局势。尤其是张春贤到新疆任职以后，着力发展经济、普惠民生，推动建设了一批重点工程。4年来，新疆经济取得了不小的成绩，但是经济发展对于恐怖势力生存空间的挤压效应并不明显。从2013年鄯善暴恐袭击，到2014年4月发生的乌鲁木齐火车南站爆炸和闹市暴力恐怖袭击，恐怖势力的活动呈现出更加密集、更加暴力、更加嚣张的趋势，反映出影响社会稳定的深层次问题尚未得到根本解决。面对如此严峻的局面，中央及时转变工作重心，以稳定谋发展，将政治目标摆在首位，经济和社会政策为政治目标服务。习近平在考察时指出，建设一支政治上坚强有力、经得起风浪考验的高素质干部队伍，对新疆稳定和发展至关重要。习近平还强调：“新疆的问题，最难最长远的还是民族团结问题。”① 在此前提下，他首次提出推动建立各民族相互嵌入式的社会结构和社区环境，有序扩大新疆少数民族群众到内地接受教育、就业、居住的规模，促进各族群众在共同生产生活和工作学习中加深了解、增进感情。

发展仍然是解决新疆问题的关键，但是发展必须落实到改善民生、惠及当地和增进团结上。发展的目的，最终是让老百姓过上好日子。从根本上讲，

① 坚持依法治疆团结稳疆长期建疆，团结各族人民建设社会主义新疆［N］．人民日报，2014－05－30.

发展与民生是一个有机整体。在新疆这样一个多民族聚居、经济发展相对落后的地区，保障和改善民生，不仅关系到发展目标和发展动力，也关系到民族团结和祖国统一。正因如此，保障和改善民生应该成为新疆一切工作的出发点和落脚点，成为推进新疆跨越式发展和长治久安的结合点、着力点。正如习近平总书记要求的，要通过抓发展、惠民生，让群众有事干、有钱挣、有盼头，不断增强党在各族群众中的凝聚力，不断增添爱国爱疆正能量。在具体政策方面，则提出“发展二、三产业，开发项目、建设重点工程，无论谁投资，都要注重增加当地群众就业，促进当地群众增收”。[①] 2014 年，新疆确定 25 类 150 项重点民生工程项目，在民生工程的筛选上以改善民生基础条件、提高居民生活质量、解决群众生活困难为着力点。习近平对促进少数民族就业工作十分关心，表示就业工作最重要。增加就业尤其是少数民族就业成为新疆特别是南疆发展的首要任务。

确保新疆社会稳定和长治久安，必须围绕强军目标全面加强部队建设，壮大兵团综合实力，提高维稳戍边能力，并采取特殊措施支持南疆发展。考察期间，习近平专程看望了武警驻喀什部队和南疆军区，并指出，驻南疆部队要从国家安全和发展战略全局的高度，认清肩负的政治责任，强化使命担当，形成整体合力，积极协助地方党委和政府做好反恐维稳各项工作，坚持凡“恐”必打、露头就打，给暴力恐怖势力以毁灭性打击。在看望新疆生产建设兵团第六师时，习近平也反复强调兵团对于稳固边疆、凝聚各族群众的重要意义。[②] 5 月 5 日新疆兵团已制定出台《兵团宗教活动场所和宗教教职人员管理办法（试行)》，旨在全面贯彻党的宗教工作方针政策，促进民族团结、

---

① 紧紧依靠各族干部群众共同团结奋斗，建设团结和谐繁荣富裕文明进步安居乐业的社会主义新疆［N］. 人民日报，2014－05－01.

② 车俊. 履行屯垦戍边使命，维护社会长治久安［N］. 人民日报，2014－05－27.

宗教和睦、社会稳定和长治久安。从区域上看，南疆是未来新疆工作的重点。南疆是新疆自然环境差、经济社会发展落后、社会稳定形势相对严峻的区域。中共中央政治局会议明确指出要采取特殊措施支持南疆发展，加强兵团维稳戍边能力建设。第二次中央新疆工作座谈会更是将南疆发展提升到国家层面进行顶层设计，实行特殊政策，打破常规，特事特办。

实现新疆社会稳定和长治久安，不仅要严厉打击暴力恐怖活动，更要铲除极端思想滋生的土壤，坚持教育优先，全面提高新疆各级各类学校教育质量。新疆一些欠发达地区双语教育较弱，少数民族很难在通行汉语的就业市场上找到工作，失业情况较为严重，加之青少年受教育水平低，很容易受到境外传入的极端宗教思想以及日趋宗教化的本地社会环境的影响。中央认识到问题所在，将基础教育列为新疆一项重要民生工程。2013 年，新疆教育总投入高达 527 亿余元，在南疆和田、喀什、阿克苏三个地州，义务教育已经覆盖至高中阶段。习近平在视察学校时强调要办好双语教育，不仅有利于就业而且可以促进民族团结，同时要求汉族教师也要学好维吾尔语。随后召开的中央政治局会议做出部署，加快农牧区和偏远地区寄宿制学校建设，在南疆全面实行高中阶段免费教育。第二次中央新疆工作座谈会也强调了就业第一和教育优先的方针，全面提高入学率，让适龄的孩子们学习在学校、生活在学校、成长在学校，积极推进双语教育和职业教育，为他们带来更多发展机遇，真正从源头上斩断宗教极端思想的滋生和蔓延。

此番中央做出全面的新疆社会重建部署，以政治目标为中心，围绕社会稳定和长治久安，在就业、民生、教育及社区互嵌等多个领域提出新政策，既是对国内日益复杂的新疆局面的针对性举措，也是新形势下处理国家战略全局问题思路的进一步延续。新疆地处欧亚大陆的地理中心，被视为多元文明和民族融合的中心地带，更在“丝绸之路经济带”建设中具有不可替代的地位和作用。但同时，复杂的周边环境，中亚、西亚宗教极端势力在中国境内的蔓延，以及自身落后的经济文化，长期存在的民族宗教矛盾，都对新疆稳定造成了不小的威胁。正如习近平在考察结束前强调的，做好新疆工作事关全国大局，绝不仅仅是新疆一个地区的事情，而是全党全国的事情。①

（文/沈思）

生产性服务业成经济升级新引擎

5月14日，李克强主持召开国务院常务会议，部署加快生产性服务业重点和薄弱环节发展，促进产业结构调整升级。这是继2014年3月5日《政府工作报告》中提出“优先发展生产性服务业，推进服务业综合改革试点和示范建设”、3月21日节能减排及应对气候变化工作会议上要求“着力发展服务业，特别是生产性服务业”②、4月10日博鳌亚洲论坛的演讲中强调“加快弥补服务业这块短板，用税收等杠杆来培育壮大生产性和生活性服务业”③之后，李克强第四次在公开场合提出要加快发展生产性服务业，也是首次将服务业尤其是生产性服务业定位为调结构、稳增长的重大措施。

此次从经济运行的整体逻辑上来定位服务业，不仅是将其看作激发内需、扩大就业和改善民生的手段，更是希望将其打造为推动产业向微笑曲线上游提升、促进经济升级、有机融合工农业的利器，体现出决策层对中国经济增

---

① 王成国．深刻认识新疆形势．扎实做好援疆工作［N］．新疆日报，2014－05－16.

② 促进节能减排和低碳发展，改善环境和保护生态，提高人民生活质量［N］．人民日报，2014－03－24.

③ 李克强．共同开创亚洲发展新未来——在博鳌亚洲论坛2014年年会开幕式上的演讲［OL］．人民网，2014－04－11.

长动力格局变化有更为深刻的认识。一方面，服务业在 GDP 中所占比重呈现缓慢但较为明显的上升趋势，2013 年占比达到 46.1%，首次超过第二产业。在促进经济增长、吸纳就业的同时，电子商务平台等生产性服务业还通过商业模式创新带来了生产销售和流通领域深刻的变革，对经济转型升级发挥着重要作用。另一方面，相比高收入国家 70% 左右的水平，以及新兴市场经济国家 50% 左右的水平，我国服务业增长仍然缓慢；同时面临质量水平不高、制造业生产性服务需求不足、服务外包程度不高等总体滞后的发展瓶颈。特别是在计算机和信息服务、保险、金融、咨询等高附加值的产业上，我国的国际竞争力更是处于不利地位。

生产性服务业囊括交通运输、仓储和邮政业，信息传输、计算机服务和软件业，批发与零售业，租赁和商务服务业，科技服务及商务服务业 6 个行业门类，尽管其本身并不向消费者提供直接的、独立的服务，但却贯穿于整个产业链的各个环节，已经成为发达国家的支柱产业和拉动经济增长的核心引擎。加快发展生产性服务业，是向结构调整要动力、促进经济稳定增长的重大措施。然而，当前我国生产性服务业的发展仍然面临诸多问题，成为现代产业体系中的主要短板。首先，低端制造业导致低端生产性服务业的僵滞状态，缺乏资金流支持。依赖于低要素组合优势的低端制造只能产生低端服务需求，只能承担低价服务，生产性服务业的发展也只能是低水平相配套。由于缺乏更高水平的生产性服务业的支撑，传统制造业的升级难以完成，两者陷入价值链低端锁定循环。其次，生产性服务机构改制不彻底，限制保护和封闭式垄断经营现象严重。除核心环节外，可以外包、专业化的服务业部门和环节自己做，不仅影响生产性服务业的总需求，减少市场机会，且可能产生市场不公平竞争和服务价格扭曲行为，降低服务效率。再次，企业难以进入研发、营销等嵌入式生产性服务产业价值链的高利润环节，附加值低。跨国制造和外商服务之间形成外部供需循环，而本土企业被排斥在外。

为补足当前存在的短板，促进服务业尤其是生产性服务业的发展，国务院会议指出，要更多依靠市场机制和创新驱动，重点发展研发设计、商务服务、市场营销、售后服务等生产性服务，促进提升国民经济整体素质和竞争力。第一，鼓励社会资本参与发展生产性服务业，特别是高附加值产业。第二，采用生产性服务业的先进理念和模式，如推广融资租赁、鼓励服务外包等，建立公开、平等、规范的市场机制。第三，进一步深化改革开放，放宽生产性服务业的市场准入，减少前置审批和资质认定项目，简化境外投资审批程序，提高便利化程度，提升我国企业的竞争力。

加快现代服务业尤其是生产性服务业的发展、推进工业主导向服务业主导的转变，是我国经济转型升级的大趋势。在阶段转换的关键期，政府顺应经济发展的客观规律，加大对生产性服务业的政策支持力度，充分释放发展潜力，使其成为我国重要、稳定、具有长远竞争力的经济增长点，这对推动中国国民经济提质增效升级意义重大。而真正落实鼓励社会资金进入、打破行业进入限制等政策，需要政府、金融机构等相关方面增强环境改善的动力，多方出击，发力制胜。

（文/王沛嘉）

新“国九条”直指金融治理现代化

2014 年 5 月 9 日，国务院发布《关于进一步促进资本市场健康发展的若干意见》（以下简称新“国九条”）。作为资本市场全面深化改革的“顶层设计”，新“国九条”总结了我国发展资本市场的既有政策，是一份涵盖发展多层次股票市场、规范发展债券市场、培育私募市场、推进期货市场、提高证券期货服务业竞争力、扩大资本市场开放、防范和化解金融风险、营造资本市场良好发展环境等内容的纲领性文件。

从原则来看，新“国九条”强调了发展资本市场的四大原则：一是处理好市场与政府的关系；二是处理好创新发展与防范风险的关系；三是处理好风险自担与强化投资者保护的关系；四是处理好积极推进与稳步实施的关系。发展资本市场的四大原则是十八大以来党中央关于国家治理原则在资本市场的具体化。这四大原则的提出表明，在市场对资源配置起决定性作用的同时，将不放松政府对改革力度、节奏和市场承受程度的把握权；将在强调资本市场创新、扩大资本市场容量的同时，更加注重防范系统性与区域性的金融风险，确保我国资本市场朝着健康、协调、稳定的方向发展。

从内容来看，新“国九条”中的创新性意见并不多，但政策整合力度较大。新“国九条”的33个小条目可以概括为三个方面。首先，促进我国资本市场健康发展的总任务是着力在“现代市场体系”这一框架下规划一个多层次的资本市场。其次，具体而言，多层次的资本市场包括股票市场、债券市场、私募市场、期货市场，发展这些市场的政策措施构成了新“国九条”的核心内容。一是发展多层次股票市场。在股市政策增量不多的背景下，需要注重对股票发行注册制改革、鼓励市场化并购重组、完善退市制度等政策的具体落实。股票市场的改革成果将极大地影响到现有资本市场的竞争法则；二是规范发展债券市场。新“国九条”提出“统筹推进符合条件的资产证券化发展”“促进债券跨市场顺畅流转”将有助于拓展债券市场的规模结构，有助于规范我国的债券市场，使其朝着成熟市场的方向发展；三是培育私募市场。这是国务院首次在正式文件中提出要“建立健全私募产品发行监管制度”“建立合格投资者标准体系”“建立各类私募产品的统一监测系统”，这凸显出私募市场在构建多层次资本市场中日益提高的重要性；四是推进期货市场建设。文件中提及的商品期权、股指期权、商品指数、碳排放权等交易工具均是期货市场突破性的重大品种创新，表明我国风险管理市场建设将朝着更深、更广的层面拓展。最后，我国将全力打造一个更为外向型与国际化的资本市场。这体现在：提高证券期货服务业竞争力、扩大资本市场开放、防范和化解金融风险、营造资本市场良好发展环境等政策上。强调资本市场的对外开放，最终目的是为了打造一支足以参与国际金融市场竞争的“资本国家队”。

总体而言，新“国九条”勾勒了我国资本市场未来发展的路线图，不失为未来几年中国资本市场发展的“顶层设计”，将促进我国的资本市场朝着更加法治化、市场化、现代化的方向发展。推进证券法修订和期货法制定工作，出台上市公司监管、私募基金监管等行政法规，健全多元化纠纷解决和投资者损害赔偿救济机制意在为我国资本市场的发展提供一个更完善的法治框架。从世界资本市场发展历史来看，信息技术革命给金融领域带来了翻天覆地的变化，资本体系由银行主导变成了市场主导，不管是“国九条”还是新“国九条”，都是顺应这一发展潮流的结果。更重要的是，新“国九条”的长远目标在于改变我国金融体系发展的乱象，实现金融治理体系的现代化。金融体系的现代化构成了我国现代化的重要一环。我们期待，新“国九条”能够如其所愿，促进我国资本市场的健康发展，到2020年，基本形成结构合理、功能完善、规范透明、稳健高效、开放包容的多层次资本市场体系。

（文/何鼎鼎）

多地试行公务员聘任制

2014年5月初，浙江义乌首批聘任制公务员公示期结束即将上岗，再度引发各界对于公务员聘任制的讨论和关注。公务员聘任制是行政机关在行政编制范围内以合同形式聘任公职人员，聘任制公务员享有行政编制，但是没有行政级别，这是根据我国《公务员法》有关规定实行的制度。此前深圳市、河南省、辽宁省均作为试点试行公务员聘任制。

公务员聘任制的提出和试行，具有一定的原因与意义。其一是公务员聘任制产生的核心原因在于市场因素开始在行政体制中发挥作用，提高工作效率、降低工作成本的需求，促使政府转向聘用从而无须长期培养直接从事重要专业性工作的公务人员。其二是由于部分岗位高度专业化，具备专业知识和长期相关工作的人才成为稀缺资源，相比通过考察公共基础知识录用的委任制，聘任制的灵活录取机制和协商薪资更加有利于招纳这样的专业人士。其三是从公务员团队整体而言，通过增加用人机制的弹性，有利于激发公务员队伍的活力。

但是作为一种新的公务人员引入模式，公务员聘任制在我国仍然处于不断探索和完善的阶段。在聘任制公务员的录用阶段，由于其选拔标准和考察过程并非如委任制公务员那样统一化，因此引起了对于聘用过程中公正性和专业性的质疑。在聘任制公务员履职后，争议主要在两方面：一方面，合同到期后，决定是否续聘的考核机制并不明确，由此引发聘任制公务员名不副实的观点，正如在最早试行该制度的深圳，首聘三年期满后，无一人被解聘。另一方面，在以提高行政级别作为晋升表现的公务员系统中，表现优秀的聘任制公务员由于没有行政级别，在合同履行期间或者合同到期之后，缺乏有效的上升渠道。

从长远来看，公务员聘任制的推行对于我国公务员分类管理改革，推动养老金并轨制也将起到推动作用。《中共中央关于全面深化改革若干重大问题的决定》中提出要推行公务员职务与职级并行、职级与待遇挂钩制度，加快建立专业技术类、行政执法类公务员和聘任人员管理制度。公务员聘任制主要对于专业性较强的职位和辅助性职位实行，前者与专业技术类的公务员职位定位相吻合，公务员聘任制如果能够稳定实行并取得成效，将有利于推进公务员分类改革。养老金双轨制是长期存在于我国社会保障制度中的问题，某种意义上也是公务员之所以被认为是稳定的“铁饭碗”的原因之一，这种制度并不符合社会保障应当遵循的公平、正义、共享原则。针对这种情况，深圳市为聘任制公务员建立职业年金，以补充养老保险的形式，在社会基本养老保险和国家财政为公职人员负担的退休金之间寻求平衡，这也是推动养老金并轨制的初步尝试。

公务员聘任制可以视为政府在人力资源方面借鉴公司化模式的尝试。但是作为特殊的制度，聘任制仍然与一般化的委任制格格不入，在同一个系统内实行两种模式和分配方式，利益冲突在所难免。如何做到公正，是聘任制需要解决的首要问题。公正既在于引入和考核聘任制公务员的标准和流程需要透明化，也在于平衡不同的公务员群体对于职务、薪资、晋升渠道的分配需求。

（文/彭博）

广州吹响产业转型升级集结号

5 月 8 日，广州市召开产业转型升级大会，总结近年来产业转型升级情况，对下一步工作进行部署。会议强调，要进一步解放思想、转变观念，集中资源力量，打造城市创新体系，引领产业转型升级，抢占经济制高点。会议同时公布了《关于进一步加快产业转型升级 抢占经济制高点的指导意见》（以下简称《指导意见》）、《广州市加快新业态发展三年行动方案（审议稿）》等一系列文件。作为指导性文件，《指导意见》立足问题定目标提对策，特别是针对总部经济[①]、科技、金融三个短板，提出针对性的对策措施。同时，根据产业发展的新动态、新趋势，构建新目标、贯彻新理念、提出新举措。该文件出台是广州推出新型城市化“1+15”系列文件之后涉及城市重大发展政策的又一次集大成，将对广州产业转型升级进程产生重大影响。

就《指导意见》的内容来看，广州市发展改革委员会负责人将其形象地概括为“一条主线三个三”。文件主要围绕推动产业向价值链高端发展这一条主线，突出金融、科技、总部经济三个重点，把握新业态培育、制造业高端化、专业批发市场转型三个抓手，强化产业平台、开放合作、营商环境三个支撑。就其特点而言，一方面，兼顾延续性和创新性，即立足既定决策谋划产业新发展，又顺应了潮流发展培育新兴产业增长点；另一方面，力图将针对性和实操性结合，既要坚持问题为导向补齐产业发展短板，又要强化目标管理确保产业转型升级。《指导意见》力求提出明确目标、制定明确任务、落实明确责任，理论结合实际提出了150项具有可操作性的任务，并于2016年前陆续付诸实施。

就政策落地来看，《指导意见》为广州全面推动产业转型升级勾画了科学合理的发展蓝图，下一步要做的是让理论照进现实，吹响产业转型升级集结号。纵观其政策落实工作，具有以下特点。第一，以科技创新引领新一轮产业转型升级。在5月9日的产业转型升级大会上，广州市委领导提出全力打造以科技创新为核心、以制度为根本、以人才创新为支撑、以企业创新为主体、以载体创新为抓手、以服务创新为保障的城市创新体系，从创新政策、创新平台、创新研发、创新型企业、创新服务、创新型人才六个方面推动创

① “总部经济”是指某区域由于特有的资源优势吸引企业将总部在该区域集群布局，将生产制造基地布局在具有比较优势的其他地区，而使企业价值链与区域资源实现最优空间耦合，以及由此对该区域经济发展产生重要影响的一种经济形态。

新，借鉴北京中关村经验，建设以重大科技创新基地为依托的研发团队和高端人才基地，推动其企业的发展和政府职能的完善。第二，重点支持多领域全面发展，协调近期与长远效应，促进经济稳定增长。为更好地促进广东省经济平稳健康运行，省政府常务会议研究决定出台财政支持稳定经济增长的政策措施，2014 年省财政统筹使用资金 600 亿元左右，同时大力减轻企业负担，预计将为企业减负 380 亿元以上。从支持基础设施建设、支持稳定外需、着力扩大消费、支持产业发展项目、保障和改善民生、落实税费减免政策六个方面着手，促进经济稳定增长。第三，产业转型政策落地有重点、有抓手，有支撑，循序渐进。产业转型升级的实质，从根本上来讲，就是产业从价值链的低端向中高端演进转化的过程，推动这一过程的动力是科技创新。“一条主线三个三”的政策规划覆盖服务业、专业批发市场、国资改革等多方面，囊括传统产业和新兴产业，有具体战略，是一个循序渐进的过程。

通而观之，以《指导意见》作为政策起点，提出到 2016 年打造 1 个产值 5000 亿元以上的制造业集群，广州推进的产业转型升级，深入贯彻落实了习近平总书记重要讲话精神和省委胡春华书记关于广州工作的指示要求。回溯广州产业转型升级的三个阶段，从第一阶段广州产业以“三来一补”等初级加工制造业、传统轻工业为主导，到第二阶段广州产业推动适度重型工业化、制造业与服务业并重发展，广东省分享了改革开放政策释放的第一批红利，也在全国大城市经济中占据第三的位置。第三阶段，广东利用跨国公司高新技术产业和服务业转移，加快构建以服务型经济为主导的现代产业体系，广州对城市产业体系提出了新的更高要求，向更高端的产业形态、更高端的产业能级发展。要想保持经济发展活力，产业转型升级势在必行。因此，产业转型升级是全面建设国家中心城市、推进新型城市化发展的迫切要求和核心任务，是广州新型城市化发展的重大工程。我们期待，在《指导意见》等文件的理论基础上，市场主体与政府充分发挥各自优势，抢占集聚辐射制高点和先进制造业制高点，推进新业态产品化、产业布局特色化，增强区域金融中心的吸纳力、辐射力，增强核心竞争力，广州能够顺利完成产业转型升级，为中国特色社会主义提供理想的发展蓝本，充分释放政策红利，到2016年实现产业转型升级。

（文/蔡森）

6月　亚投行助力新战略

长江经济带战略打造发展新棋局
中国全力打造“亚洲基础设施投资银行”
“新丝绸之路经济带”推进中阿战略合作关系
党中央出台细则完善党员流动机制
全面深化改革启动专项攻坚
实施创新驱动，增强科技实力
习近平领衔“中财组”推动中国能源革命
李克强阐述中国海洋观
国家加快高等教育体系转型发展

长江经济带战略打造发展新棋局

2014 年 3 月 5 日，国务院总理李克强在十二届全国人大二次会议的政府工作报告中首次提出，要依托黄金水道，建设长江经济带。4 月 28 日，李克强在重庆主持召开了包括长江沿线 11 个省市主要负责人在内的区域经济发展座谈会，并在会上指出，长三角地区是我国经济增长的重要一极，要依托黄金水道，建设长江经济带，为中国经济持续发展提供重要支撑。①6 月 11 日，李克强主持召开国务院常务会议，部署建设综合立体交通走廊，打造长江经济带，提出要发挥黄金水道独特优势，建设长江经济带。至此，长江经济带已正式上升为国家战略，长江黄金水道将迎来快速腾飞的“黄金期”。

长江经济带范围涵盖上海、江苏、浙江、安徽、江西、湖北、湖南、重庆、四川、云南和贵州 9 省 2 市，是“两横三纵”的国家主体功能区。建设长江经济带的“重心”，通过改革开放和实施一批重大工程，让长三角、长江中游城市群和成渝经济区三个板块的产业和基础设施连接起来、要素流动起来、市场统一起来，促进产业有序转移衔接、优化升级和新型

---

① 乔雪峰．建设长江经济带 为中国经济发展提供重要支撑［OL］．人民网，2014－04－28.

城镇集聚发展，形成直接带动超过1/5国土、约6亿人的强大发展新动力。长江经济带的建设反映了中国经济发展的新棋局——由东向西、由沿海向内地，沿大江大河和陆路交通干线，推进梯度发展。首先，充分发挥黄金水道的优势，以沿岸重要港口为枢纽和节点，打造网络化、标准化、智能化的综合立体交通走廊，并完成铁路、水运、航空等交通领域的无缝对接。之后，通过改革和项目建设完成长三角、长江中游城市群和成渝经济区这三个板块其他各领域的无缝对接。一方面，促成长江经济带省际合作组织和长江经济带城市合作组织，积极开展长江经济带的区域性经济技术合作；另一方面，通过市场机制的沟通和联合，打破行政区划的局限，促进生产要素在经济带内自由流动，引导产业转移，并逐步实现区域、产业布局和管理一体化。最后，在长江经济带一体化的进程中，实现产业升级和新型城镇的发展布局。

建设长江经济带需要一个漫长的过程，当前需要完成的第一步是完成交通领域的对接。国务院常务会议提出了相关的计划：一是要加快实施重大航道疏浚整治工程，消除通行瓶颈，扩大三峡枢纽通过能力和干线过江通行能力，提升长江黄金水道功能。二是要建设快速大能力铁路通道、高等级广覆盖公路网和航空网络，加强各种运输方式与港区的衔接，完善油气运输通道和储备系统，大力发展江海联运、干支线直达和铁水、空铁、公水等多式联运。三是要推进内河船型标准化。

随着改革进入深水区，缩小贫富差距是改革中最难啃的骨头之一，而缩小东西部贫富差距正是建设长江经济带的主要目的之一。依托黄金水道，搭建偏远地区融入国家经济发展全局的最强航道，使得东部带动中西部，沿海带动内陆，充分融合东部的产业优势和中西部的资源优势，缩小双方产业差距，使广大人民获得实际利益。因此，建设长江经济带要始终秉持以人为本的原则，以缩小收入差距，改善人民生活水平为出发点和落脚点，并实行“绿色建设”，注重可持续发展，使得长江经济带的建设能达到其应有的目的。

（文/王曹翼）

中国全力打造“亚洲基础设施投资银行”

英国《金融时报》6 月 25 日报道，我国拟将亚洲基础设施投资银行（以下简称“亚投行”）的注册资本从原定的 500 亿美元扩大到 1000 亿美元。亚投行将是一个政府间性质的亚洲区域多边开发机构，按照多边开发银行的模式和原则运作。其基本宗旨是通过支持亚洲国家基础设施和其他生产性领域的投资，促进亚洲地区经济发展和区域经济合作。2013 年 10 月，习近平主席首次提出要建立亚投行，愿向包括东盟国家在内的本地区发展中国家的基础设施建设提供资金支持。2014 年 3 月，亚投行中方筹建工作组成立，注册资本初定为 500 亿美元。6 月 10 日，筹建亚投行第三次多边磋商会上，来自 22 个亚洲国家的代表就筹建亚投行达成多方面共识。亚投行的加速推进表明了中国建设亚投行的信心和决心。设立亚投行，将有效地把中国充足的金融资本和基础设施建设能力结合起来，以基础设施建设为契机，推动互联互通建设，为亚太地区提供更高标准的地区公共产品，加速亚洲的整合与发展。

第一，亚投行的设立将有效盘活我国的外汇储备，创新我国对外投资方式，完善互利共赢、多元平衡、安全高效的开放型经济体系，提升对外开放水平。到 2014 年 6 月，我国的外汇储备已经达到 4 万亿美元，海量的外汇储备不仅成为舆论焦点也成为中央政府的难题。受限于投资渠道，我国的绝大多数外汇储备都以购买美债、欧债的方式留在美国与欧洲市场。设立亚投行，不仅有利于盘活我国的存量外汇储备，也有利于促使我国的外汇储备留在亚洲，有利于我国的经济发展成果为亚洲国家共享。

第二，亚投行的设立将促进资源在区域内的优化配置。近年来，我国的钢材、水泥、电解铝、平板玻璃、光伏等行业出现了不同程度的产能过剩问题，宏观经济层面“调结构”压力明显；与此同时，许多亚洲国家依然面临基础设施建设落后、建设能力不足、建设资金匮乏等问题。亚投行的创设将在整体上解决我国的产能过剩问题和亚洲国家的基础设施建设落后问题，打破资源配置的地域界限，优化区域资源配置。

第三，亚投行的设立将成为亚洲区域经济一体化的重要抓手。随着共建“21 世纪海上丝绸之路”与共建“丝绸之路经济带”等战略设想的提出，亚洲区域经济一体化的发展轮廓越来越鲜明。亚洲区域一体化以“道路联通”为先手，“海上丝绸之路”将加强中国与东盟国家的纽带，“丝绸之路经济带”将促使中国、伊朗、俄罗斯等区域大国在道路畅通的基础上实现贸易畅通、货币畅通、民心畅通，结成“命运共同体”和“利益共同体”。在初步的构想中，亚投行将要投资修建一条从北京直通巴格达的铁路。

第四，亚投行的设立将为我国争取更多的区域乃至全球金融话语权。随着我国国力的增强，我国在国际金融领域的话语权与综合国力越来越不匹配，我国在国际金融秩序中争取更大金融话语权的努力频频受挫。中国主导倡议成立亚投行，并不是要与世界银行和亚洲开发银行分庭抗礼，因为亚投行着力亚洲的基础设施建设，而世界银行与亚洲开发银行则重点关注减贫，三者是互补而非竞争关系，但从客观上来说，以中国主导的亚投行的出现必将提升中国在亚洲乃至全球的金融话语分量。

6 月 27 日，世界银行行长金墉表示，世界银行支持中国筹建亚洲基础设施投资银行的倡议，认为此举将帮助世界银行满足亚洲庞大的基础设施建设需求。亚投行作为由中国主导的普惠亚洲国家的区域金融机构不仅得到亚洲国家的支持，也得到了世界银行的肯定。一百多年以来，亚洲国家的发展一直受制于欧美，在2014年召开的亚洲相互协作与信任措施会议（亚信）第四次峰会上，亚洲国家普遍表达了“亚洲国家自己处理亚洲事务”的声音，这是一种亚洲意识的再度觉醒。而亚投行的成立则表明，以中国为凝结核的亚洲不仅要推动互联互通的基础设施建设，更要致力于建立一种更为平等均衡的新型发展关系。

（文/何鼎鼎）

“新丝绸之路经济带”推进中阿战略合作关系

2014年6月5日，中阿合作论坛第六届部长级会议在北京召开，国家主席习近平发表了题为“弘扬丝路精神，深化中阿合作”的讲话，希望双方弘扬丝绸之路精神，以共建“丝绸之路经济带”和“21世纪海上丝绸之路”（“一带一路”）为新机遇新起点，不断深化全面合作、共同发展的中阿战略合作关系。

历史上，基于地缘关系，中国和阿拉伯国家通过绵延万里的丝绸之路，形成了紧密的经济往来与文化联系，东方的两大文明交相辉映、共同发展。古丝绸之路与大西洋贸易轴心和太平洋贸易轴心并列为世界三大贸易轴心，并且是唯一一个处于内陆的贸易轴心。当前，中国和阿拉伯国家都处在发展的关键时期，中国正在全面深化改革，为实现中华民族伟大复兴的中国梦而奋斗；中东正在经历前所未有的大变动大调整，阿拉伯国家也在积极探索符合自身国情的发展道路，致力于实现民族复兴。新形势下，双方共同语言在增多，共同利益在增加，共同需求在增强。新丝绸之路经济带的构想，既与古老的丝绸之路一脉相承，又充分体现了时代特点。以复兴丝绸之路为契机，全面推进中阿关系务实合作，具有战略眼光和可操作性。

首先，构建新丝绸之路符合中阿经济、社会发展的现实需求。国际金融危机以来，国际政经环境复杂多变，世界经济重心“东移”迹象明显。在这一背景下，阿拉伯国家“向东看”的趋势更加明朗。与此同时，中国也在努力“向西开放”。阿拉伯世界作为中国“向西开放”的主要出口，将成为中国新一轮西部大开发战略的重要平台。除了进一步加强贸易往来，双方可拓展的合作空间也非常大。

一是双向投资大有可为。一方面，阿拉伯国家能源资源丰厚，资金雄厚，投资需求旺盛。在“向西开放”战略下，中国可以通过适当的政策指引，有效利用阿拉伯国家和地区的资金，促进我国西部地区的进一步发展。另一方面，当前众多阿拉伯国家尤其是海合会国家，都在致力于经济结构调整，着力转变过度倚重石油的经济增长方式。许多阿拉伯国家陆续推出大规模的公共投资和经济振兴计划，中阿双方在基础设施建设、产业承接转移等领域有巨大的合作空间，这将给中国企业带来很多投资机遇。

二是金融领域的进一步合作值得期待。阿拉伯国家金融市场具有两个特点：一是“稳”，伊斯兰金融独立于西方金融体系，国际金融危机爆发后，阿拉伯金融市场表现出极高的稳定性；二是“厚”，阿拉伯国家手中握有雄厚的石油美元。目前，中国正在积极筹建亚洲基础设施投资银行，阿拉伯金融的这两个特点使得中阿还可以在金融领域开创合作的新模式。

三是传统油气贸易仍有发展空间。阿拉伯国家目前是中国最大的油气进口地，而油气出口也是阿拉伯国家最主要的收入来源。在新丝绸之路的构想下，中阿可以深化油气领域全产业链合作，维护能源运输通道安全，构建互惠互利、安全可靠、长期友好的能源战略合作关系。

四是基础设施建设有利双方。总体来看，新丝路沿线国家的基础设施仍然比较落后，而今天的中国已经成为具有强大基础设施建设能力的国家，中国可以将基础设施建设的经验带入阿拉伯国家，帮助其进行公路、铁路等大规模基础设施建设，同时建立医院、学校和体育馆等公共设施，促进当地人民生活水平的提高与社会发展的进步。

其次，“丝路精神”与“新亚洲安全观”具有高度一致性，为中阿合作发展提供了重要价值基础。讲话中，习近平阐述了“丝路精神”——促进文明互鉴，尊重道路选择，坚持合作共赢，倡导对话和平。[①]“丝路精神”可以增进双方的战略互信，实现求同化异，还可以与亚洲安全观、和平共处五项原则等一起指导解决地区及世界性的责任分担问题。2014 年 5 月在上海举行的亚信峰会上，中方首次倡导亚洲各国应树立“共同、综合、合作、可持续的亚洲安全观”。这与“丝路精神”有着相契合之处，体现了中国外交理念的一贯性和延续性。事实上，中阿共建“新丝绸之路经济带”秉持的“共商、共建、共享原则”与亚洲安全观“共建、共享、共赢”的战略支点也具有高度一致性。第四次亚信峰会为亚洲各国描绘了一个“新亚洲”的美好愿景，将以新安全观、新秩序观、新发展观实现亚洲复兴的“亚洲梦”。位于西亚的阿拉伯国家也是“新亚洲”的建设者和受益者，以“丝路精神”深化中阿合作同“共建和平、稳定与合作的新亚洲”并行不悖。此外，加强中阿合作是要以合作共赢代替对立零和。中阿之间深化合作，可以为未来世界发展探索出一条新路径，找到各国最大公约数，共享发展机遇，共同打击极端思想与势力。

古代丝绸之路辉煌千年，是国与国之间的和平、友好商贸往来与各民族间的文化交流。新丝绸之路建立在和平、合作与平等的精神上，是对古代经验的总结与延伸，中国作为一个负责任的大国，愿意把自身发展同阿拉伯国家发展对接起来，为阿拉伯国家扩大就业、推进工业化、推动经济发展提供

---

① 习近平．弘扬丝路精神 深化中阿合作［N/OL］．人民网，2014－06－05.

支持。但是同时我们也应该意识到，面对当前复杂的国际形势，构建新丝绸之路，也是中国以地缘经济实力谋取更大地缘政治目标的一项策略。然而，新丝绸之路将带来怎样的地缘政治景观却有很多不确定性。对中国来说，要启动新丝绸之路，无疑必须动用大量的外交资源。更重要的是，中国需要强大的软实力，以缓解意识形态与政治体系差异所带来的张力，这一切，都考验着政治家的智慧与气魄。

（文/杨煜超）

党中央出台细则完善党员流动机制

2014年6月，中共中央办公厅印发《中国共产党发展党员工作细则》（以下简称《细则》）并发出通知，要求各地区各部门遵照执行。通知指出，党员是肌体的细胞和党的活动的主体，发展党员工作是党的建设一项经常性重要工作。同时指出1990年中共中央组织部印发的《中国共产党发展党员工作细则（试行）》已不能完全适应形势要求，新的《细则》做出相应调整和更新，将发挥更大作用。各级党政机关、企事业单位、军队系统陆续开展学习工作，坚决贯彻《细则》中的新主张和新规定。

《细则》之所以重要，是由中国的政治体制决定的，发展党员工作关系到执政党的未来。因此党在历史上一贯重视党员的发展工作，《细则》是结合新形势、新情况对发展党员工作做出的新调整。

《细则》之“新”体现在三个方面：在总体结构上，新修订的《细则》由原来的6章共33条增加到7章共44条，新增加了“发展对象的确定和考察”一章；在总体主张上，将“控制总量、优化结构、提高质量、发挥作用”的总要求写入总则，要求坚持党章规定的党员标准，把政治标准放在考察的首位，坚持慎重发展、均衡发展；在具体内容上，除了对“积极分子和发展对象的教育、考察”提出新要求外，还细化了在流动人员中发展党员的具体要求，进一步严格预备党员审批权限，对追认党员的标准和程序做出详细规定，强化党组织的领导责任和把关作用。

《细则》的新变化有如下三个特征：

第一，提高党组织的进入门槛，控制新增党员数量。在《细则》出台前的2013年，我国新增党员数量10年来首次下降，降幅达25.5%。习近平在党的十八届三中全会上提出党要管党、从严治党，而《细则》则是将该要求制度化、具体化的过程，将之体现在发展党员的原则、标准、程序、纪律等各个方面。《细则》明确增设教育、考察入党积极分子和发展对象的程序，实行发展党员总量调控，使全国党员数量年均增长控制在适当速度，党员队伍保持适度规模。

第二，注重以政治标准考察新党员，提高新进成员素质水平，凝聚内部共识。改革开放以来形成的价值多元化社会，使一些新党员缺乏马克思主义的传统教育和社会主义理想的熏陶，既不学习党的章程，也不了解党的历史，更不了解中国共产党作为一个执政党的政治目标。因此发展党员要把政治标准放在首位，必须加强思想政治教育，凝聚政治共识，提高思想理论水平，保持党的先进性、纯洁性。马克思主义信仰始终是共产党人的灵魂，要成为共产党员，必须经历思想上的洗礼，始终把马克思主义这一科学理论作为自己的行动指南。

第三，优化党组织人员结构。《细则》一边要求控制新增党员数量，一边又要求根据不同群体、行业和岗位特点，确定发展党员的重点，优化组织结构。通过将更多的工人、农民、军人、知识分子和其他社会阶层的先进分子发展成为党组织的一员，从而优化党员队伍结构，增强共产党的代表性。《细则》中的调结构思想，正是在党员数量和党员质量之间进行平衡，既实现高效运转，又能广泛代表群众。

从《细则》的新变化和新特征中，我们可以发现更深层次的政治意涵。

第一，它是党内法治建设目标的集中体现。《细则》修订了之前的相关条文，将发展党员的程序规定得更加详细，易于操作，在发展党员的问题上实现真正的有法可依。

第二，它是党面向未来的战略性投资。发展新党员是向组织注入新鲜血液的过程，特别是年轻的新党员决定了执政党的未来。因此严格规范发展党员的程序，把好入口关，其实是构建遴选人才的常规机制。对入党积极分子的教育则属于人力资源投资，这种投资是面向未来的战略性选择，是中国共产党得以持续发展的根本保障。

第三，它与反腐行动、党员退出制度一同形成了完善的组织人员流动机制，实现了党对自身的有效控制，增强了作为执政党的合法性。《细则》建立人员流动中的引入机制，党员退出形成退出机制，持续不断的反腐斗争则是对机制失灵的弥补。三者结合形成的人员流动机制，使得共产党始终保持旺盛的生命力，制度化的成果使得政党不因为时代的变迁而衰落。

第四，结合当下的反腐行动，可以看出党中央在组织建设上的新思路。中国共产党人明白，再热闹的“拍蝇”“打虎”也只解决得了一时，却无法挽救一世。腐败的治理不在于惩罚，而在于预防，要想保持党的先进性、纯洁性必须溯本清源，这必须从重视发展党员工作开始。

（文/彭飞）

全面深化改革启动专项攻坚

2014 年 6 月 6 日，习近平主持召开中央全面深化改革领导小组第三次会议。全面深化改革元年时间过半，在前两次会议相继通过工作规则、明确工作要点后，本次会议对财税体制、户籍制度和司法体制这三个专项改革议题做出部署。会上审议了《深化财税体制改革总体方案》和《关于进一步推进户籍制度改革的意见》，审议通过了《关于司法体制改革试点若干问题的框架意见》、《上海市司法改革试点工作方案》和《关于设立知识产权法院的方案》。结合6月4日召开的国务院常务会议做出的进一步减政放权取消行政审批事项的举措来看，改革逐渐进入细致深入、全面铺开的具体攻坚阶段。

此前，经济体制改革作为全面深化改革的重中之重率先进行，下一步的改革重点是要在结构调整的各个领域、各个环节，推出有针对性的改革举措和差别化的促进政策。对此，中央全面深化改革领导小组已经把党的十八届三中全会列出的336项改革举措全部分解到位，明确了各项改革举措的牵头单位、参加单位和成员单位。在集中各方面智慧的基础上，此次中央全面深化改革领导小组第三次会议就针对财税、户籍和司法体制三大具体领域做出了新阶段的安排，确定了新一轮改革的突破口。中央全面深化改革领导小组第三次会议本着优先推进基础性改革的原则，提出要突出具有结构支撑作用的重大改革，就是要在多类改革中寻找到其中的主干架。

具体内容上，第一，财税制度改革要着眼长远机制的系统性重构。主要目的是明确事权、改革税制、稳定税负、透明预算、提高效率，加快形成有利于转变经济发展方式、有利于建立公平统一市场、有利于推进基本公共服务均等化的现代财政制度，形成中央和地方财力与事权相匹配的财税体制，更好发挥中央和地方两个积极性。第二，加快户籍制度改革，推进人的城镇化。户籍制度改革是一项复杂的系统工程，既要统筹考虑，又要因地制宜、区别对待。总的政策要求是全面放开建制镇和小城市落户限制，有序放开中等城市落户限制，合理确定大城市落户条件，严格控制特大城市人口规模，促进有能力在城镇稳定就业和生活的常住人口有序实现市民化，稳步推进城镇基本公共服务常住人口全覆盖。功能结构上，要促进大中小城市和小城镇合理布局、功能互补，搞好基本公共服务；具体权益上，要维护好农民的土地承包经营权、宅基地使用权、集体收益分配权。第三，试点展开司法制度改革。党的十八届三中全会提出，把司法体制改革作为全面深化改革的重要内容，让人民群众在每一个司法案件中都感受到公平正义。此后，新一轮司法改革的序幕渐次拉开。会议提出，试点工作要在中央层面顶层设计和政策指导下进行，改革具体步骤和工作措施，鼓励试点地方积极探索、总结经验。上海作为全国司法改革的先头试点城市，其改革的切入点都是司法体制改革的基础性、制度性措施。具体包括完善司法人员分类管理制度，健全法官、检察官职业保障制度，完善司法责任制，探索建立省以下法院、检察院的法官、检察官省级统一管理的体制，研究建立省以下法院、检察院经费由省级统一管理的机制，积极研究探索人民警察分类管理改革六项内容。

从下放行政审批权到探索负面清单，在2014年的上半年里，中国改革已经全面动员了起来。中央此番部署的三场攻坚战与改革的重要性和紧迫性有关，因为处于转型期的中国，无论是财税体制还是户籍制度都是当前经济结构想要转变、改革有所突破需要解决的核心问题。此外，在中央全面深化改革领导小组层面对司法体制改革进行讨论，说明中国改革的攻坚战不仅是在经济领域，也在其他领域同步展开。渐入深水区，各领域、各层级的改革都有待进一步深化。

（文/柴璐）

实施创新驱动，增强科技实力

2014年6月9日上午，中国科学院第十七次院士大会、中国工程院第十二次院士大会在人民大会堂开幕，习近平总书记出席并发表重要讲话。他强调，我国科技发展的方向就是创新、创新、再创新。[①] 实施创新驱动发展战略，最根本的是要增强自主创新能力，最紧迫的是要破除体制机制障碍，最大限度解放和激发科技作为第一生产力所蕴藏的巨大潜能。要坚定不移走中国特色自主创新道路，坚持自主创新、重点跨越、支撑发展、引领未来的方针，加快创新型国家建设步伐。

2014 年是甲午年。甲午对中国人民和中华民族具有特殊的含义，在我国近代史上也具有特殊的含义。回首我国近代史，故步自封使中华民族滑入苦难深渊，而今甲午年成为中华民族命运的一个的转折。习近平指出，今天，我们比历史上任何时期都更接近中华民族伟大复兴的目标，比历史上任何时期都更有信心、有能力实现这个目标。而要实现这个目标，我们就必须坚定不移贯彻科教兴国战略和创新驱动发展战略，坚定不移走科技强国之路。[②] 第一，新时代的科技革命和产业变革要求我们抢占发展先机，力争超越。面对第三次科技革命的浪潮，在党中央的高度重视以及全国人民的共同努力下，我们取得了诸如 3D 打印技术、大飞机制造等举世瞩目的科技成就。我们应抓住机遇促发展，加快实现从要素驱动、投资规模驱动发展为主向以创新驱动发展为主的转变。第二，实施创新驱动发展战略，增强自主创新能力。坚定不移走中国特色自主创新道路，坚持自主创新、重点跨越、支撑发展、引领未来的方针，加快创新型国家建设步伐。掌握核心技术，把握竞争发展的主动权，保障国家经济安全与国防安全，从全球视野的角度出发增强自主创新能力。第三，科学技术必须同社会发展相结合，破除体制机制关卡，促进科

① 习近平．在中国科学院第十七次院士大会、中国工程院第十二次院士大会开幕会上的讲话，[OL]．人民网，2014－06－10.

② 同①。

技成果转化成生产力。束之高阁的科学技术不可能对现实社会产生作用，应突破科技创新链条上存在的诸多体制机制关卡，使科技成果同国家需要、人民要求、市场需求相结合，才能真正实现创新价值、实现创新驱动发展。第四，大力培养造就规模宏大、结构合理、素质优良的创新型科技人才，完善院士制度。把人才资源开发放在科技创新的最优先位置，努力打造高水平的科技队伍，注重培养一线创新人才和青年科技人才。通过深化改革解决问题，使院士制度更加完善，真正守住学术性、荣誉性的本质。

科技是国家强盛之基，创新是民族进步之魂。16 世纪以来，世界发生了多次科技革命，每一次都深刻影响了世界力量格局。从某种意义上说，科技实力决定着世界政治经济力量对比的变化，也决定着各国各民族的前途命运。又一个甲午之年，从落后到发展，要想实现中华民族的伟大复兴，就必须把科技创新摆在全局的核心位置。增强科技实力，实现自主创新符合时代发展，具有重要意义。首先，有利于把握新世纪科技创新发展新趋势。全球将进入创新密集和产业振兴时代，通过创新提高国家竞争力，确保经济增长与繁荣成为世界各国的共识。面对科技创新发展新趋势，世界主要国家都在寻找科技创新的突破口，抢占未来经济科技发展的先机，中国应积极参与，把握时机。其次，科技创新重大突破或重塑全球经济结构，注重科技创新有利于在变局中把握先机。习近平在讲话中提到，机器人革命有望成为“第三次工业革命”的一个切入点和重要增长点，我国将成为全球最大的机器人市场，更应提高技术，抢占市场。① 最后，完善制度建设，人才培养反哺创新驱动发展战略，促进社会结构的优化升级。实施创新驱动发展战略是一个系统工程，需要配套制度与人才支持。一方面，改革院士遴选和管理体制，优化学科布

① 习近平．在中国科学院第十七次院士大会、中国工程院第十二次院士大会开幕会上的讲话，［OL］．人民网，2014-06-10.

局，提高中青年人才比例，实行院士退休和退出制度；另一方面，着力培养科研队伍和技术人才，自主研发掌握核心技术，才能进一步保障国家安全。此次会议释放了中央对科技创新重视的信号，在政策渐趋成熟的过程中，推动科技创新发展最重要的是增强自主创新能力，坚持自主创新与经济社会实践相结合，加强开放创新与协同创新。实现国家创新，一方面要满足需求，完善产业体系，加强基础设施建设；另一方面要引导创新与社会文化环境相结合，构建先进的研究体系和适合的政治体系。统筹规划外部环境与内部因素，推进科技实力发展，积极投身国际市场竞争，传播中国的声音。科技实力决定国家命运，实施创新驱动发展战略，建设创新型国家是我辈的责任。

（文/蔡森）

习近平领衔“中财组”推动中国能源革命

2014 年 6 月 13 日，中央财经领导小组组长习近平主持召开第六次会议，研究我国能源安全战略。会议强调，必须将推动能源生产和消费革命作为长期战略，并从能源消费革命、能源供给革命、能源技术革命、能源体制革命和国际合作五个方面提出具体要求。这是党的十八大以来官方媒体第一次公开报道中央财经领导小组召开的会议，同时也是继 2014 年 4 月李克强主持召开国家能源委员会首次会议之后，国家对能源战略的再讨论。此次从国家长期发展和安全战略上将能源生产和消费模式的转变上升到“革命”高度，背后有着推动中国经济发展模式转变的深刻含义，显示出中央的改革决心。

工业化和现代化需要大量的能源支持，能源战略备受关注。随着社会经济的快速发展，我国已经建立世界最大的能源生产供应体系：资源探明、生产输送等能源供应能力不断增强，消费结构、清洁能源等能源结构调整取得进展，能源领域科技创新与装备自主化稳步提高。同时，我国已成为世界主要清洁能源生产国，2012 年清洁能源投资居全球第一位，2013 年底水电、风电装机量亦遥遥领先。

然而，我国当前能源形势仍十分严峻。从国际格局看，第一，新一轮能源革命在空间分布上呈现西斜东倾的走势，以美国页岩气革命引发的非常规能源开发热潮使得能源生产重心从中东向西移，以中国为代表的新兴经济体发展使得能源消费重心从发达国家向东转移，生产与消费的矛盾突出，国际竞争愈发激烈。第二，能源结构从以传统能源煤、油为主转变为煤炭、石油、天然气以及包括核电与可再生能源在内的非化石能源四分天下，对开发利用提出更高要求。第三，治理机制酝酿重大变革，气候谈判等大国博弈不断。从国内状况看，第一，能源需求压力大，能源供给投资需求大。2020 年我国能源总量预计将达到 50 亿吨标准煤，2014 年至 2035 年累计能源供应投资需求为 5.7 万亿美元。第二，能源消费结构不合理，能源供给制约较多。当前我国煤炭、石油、天然气等化石能源占比 91%。2013 年石油进口对外依存度接近 60%，天然气首次突破 30%，带来严重的能源安全问题。第三，生产与消费布局矛盾突出，对生态环境损害严重。京津冀、长三角、珠三角占国土面积 8%，但消耗全国煤炭 43%，能源输送成本和能耗增加，污染日趋严重，公众对环境要求日趋提高。第四，单位能耗高，能源技术水平落后，价格机制不完善和行业管理薄弱等深层次矛盾突出。

习近平就推动能源生产和消费革命提出五点具体要求，为确保我国能源安全确定了航向标，有深远的指导意义。首先，推动能源消费和供给革命，开发与节能并举。一方面抑制不合理能源消费，控制能源消费总量，落实节能优先方针，调整产业结构；另一方面建立多元供应体系，大力推进煤炭清洁高效利用，着力发展非煤能源，同步加强能源输配网络和储备设施建设。其次，推动能源技术革命。以绿色低碳为方向，推动技术创新、产业创新、商业模式创新，带动产业升级。再次，推动能源体制革命。转变政府监管方式，还原能源商品属性，完善价格机制，明晰政府和市场边界，建立权威的能源管理机构，健全法治体系。最后，全方位加强国际合作，在主要立足国内的前提条件下，有效利用国际资源，实现开放条件下的能源安全。

能源安全是关系国家经济社会发展的全局性、战略性问题，对国家繁荣发展和社会长治久安至关重要。能源革命是一个相对漫长的过程，需要具体战略的指引和推动，更需要相关配套措施的落实。战略引导规划、规划引导政策，2030 年能源生产和消费革命战略以及“十三五”能源规划应当坚持全面深化改革的总体原则，并且从顶层设计上解决好能源与经济发展、生态环境的关系，将减量革命、增量革命和效率革命相结合，实现远期、中期到近期目标之间的良好衔接。

（文/王沛嘉）

李克强阐述中国海洋观

2014 年 6 月 20 日，国务院总理李克强在雅典与希腊总理萨马拉斯共同出席中希海洋合作论坛，并发表题为“努力建设和平合作和谐之海”的演讲。这是中国和希腊首次举办海洋合作论坛，有着丰富的内涵和深远的意义，尤其是在当前经济全球化和中国海洋领土争端凸显的严峻背景下，李克强发表关于海洋合作的演讲，对于外界理解中国新一届政府的海洋观极其重要。而之所以选择在希腊发表中国海洋观，是因为作为欧洲古典文明发源地以及地中海海洋文明的发源地之一，希腊在长期的发展中积累了丰富的海洋文化，对国际海洋文明的发展做出了重要贡献，而且希腊在中国参与全球化的过程之中发挥了支点作用。

在经济全球化的今天，国际贸易对于一国的经济发展及其在世界格局中的地位至关重要。在货物运输领域的科技没有取得突破性发展之前，国际海洋运输因自身的特性，对各个国家的发展战略和对外贸易具有极其重要的意义。中国是世界最大的贸易国家和能源进口大国，其中原油进口一半以上是租借希腊的船只。希腊是中国与中东欧合作的重要纽带。

随着中国对海洋战略的重视以及一系列发展海洋战略的措施的推进，一些国家开始产生顾虑，担心中国走上争夺海洋霸权的道路，更有甚者，一些周边海洋国家借机生事，意欲挑起海洋争端，阻碍中国的进一步发展。在这一背景下，中国有必要向世界阐明中国的海洋观，中国走向海洋，不走西方列强争夺海洋霸权的老路，而是追求海洋可持续发展，与世界各国共同建设和平、合作、和谐之海。

中国的海洋观包含了三个不断递进的层次，和平、合作、和谐三者之间存在严密的逻辑关系。

和平是合作的前提。向海而兴，背海而衰，为开发海洋而进行的合作，给各国带来发展；但是为争夺海洋发生的战争，则给人类带来灾难。[①] 因此，没有海洋的和平，合作就无从谈起，更别谈和谐。而要想打造和平之海，就必须摒弃为争夺海洋所爆发的战争，维护世界海洋和平新秩序。这对于目前南海的海洋领土争端最具警示力。近来，美国和菲律宾蓄意在南海制造紧张氛围，根本无益于南海局势的缓和。如果南海和平难现，合作就更难推进。因此，中国一再重申立场，坚决反对破坏南海和平的行为，坚决倡导维护南海和平的措施。

合作是和平的目的。在共同建设合作之海中，李克强提出建设海洋合作伙伴关系。这表明，尽管中国在海洋领土主权问题上坚持主权的绝对性、排

---

① 李克强在中希海洋合作论坛上的演讲［OL］. 新华网，2014－06－21.

他性，但这并不表明中国会将主权意义上的排他性运用到实际合作中。不仅如此，中国还鼓励海洋国家与中国一道共同建设海洋合作伙伴关系，共同推动海洋经济发展，打造双赢乃至多赢的海洋合作新格局。并且，中国提出的建设海洋合作伙伴关系和建设海上丝绸之路经济带相得益彰，这显示出中国的海洋合作是务实之举，而且是由实际举措来逐步充实的。另外，无论是海上丝绸之路经济带，还是海洋合作伙伴关系，都显示出中国不是走海洋霸权的老路，而是倡导海洋包容性发展的新发展道路。

和谐是和平与合作的价值追求。在提出建设和平、合作之海之后，中国又提出建设和谐之海，海洋是全人类的共同财富，应当建设成绿色家园。各国在开发海洋时应善待海洋生态，保护海洋环境，让海洋永远成为人类可依赖、栖息、耕作的家园。这对南海周边部分国家不顾海洋生态，大肆开采石油等自然资源的恶劣行径具有警示性。中国在海洋资源开发与海洋环境保护方面拥有一定技术，可以为南海周边国家保护海洋环境提供某些技术支持，这应该成为中国与南海周边国家合作的新领域，但前提是和平之海、合作之海的实现。

中国以明确的态度和务实的行动向世界展现了中国和平、合作、和谐的海洋观。联系习近平之前提出的“丝绸之路经济带”和“21 世纪海上丝绸之路”构想，可以看出中国在加强区域经济合作方面做出的努力。中国以务实的态度解决周边海洋争端，表明“搁置争议，共同开发”是中国的一贯主张。中国海洋观中提到的世界各国不仅包括希腊这些与中国不存在海洋领土争端的国家，也包括菲律宾、越南等与中国存在海洋领土争端的国家。中国海洋观向世界表明，即使某些国家与中国存在海洋领土争端，但只要这些国家认同中国提出的海洋观，中国照样愿意与之共同开展海洋合作。

（文/刘建伟）

国家加快高等教育体系转型发展

2014年6月3日，全国政协在京召开“深化产教融合、校企合作，加快现代职业教育体系建设”专题协商会。中共中央政治局常委、全国政协主席俞正声主持会议并讲话。会议就完善职业教育发展的制度创新、产业变革与职业教育融合发展、改革职业技能鉴定机制、民族地区职业教育发展、民办职业培训机构发展、完善职业教育经费投入机制等问题进行了讨论，分析了当前职业教育存在的问题，并对推动现代职业教育发展提出了意见和建议。此次专题协商会反映了高等教育体系正面临快速转型的需要。

我国的高等教育体系建立于中华人民共和国成立初期，受苏联模式的影响，与当时的计划经济体制相适应，虽然近年来我国对高等教育体制改革进行过诸多尝试，但计划经济时期所沿袭的体制与观念尚未得到根本的改变。面对社会的迅速发展，现今的高等教育体系已不能适应社会转型的需要，暴露出了大量的问题：一方面，普通高等教育开始走大众教育路线，教育质量不高，扩招现象严重，学术弊端泛滥，缺乏专业教育，导致高学历人才泛滥，学历与能力不匹配，就业危机严重。另一方面，轻视职业教育。据统计，2013年高职、高专院校初次就业率达到78%，这个数字高于211、985重点大学75.5%的就业率和普通本科院校75.4%的就业率。虽然职业学校有着骄人的就业率，却依旧不被重视。从政府方面来说，对高职教育不重视导致政策不到位，经费投入难以保障，并造成师资力量薄弱、办学模式缺乏特点等衍生问题。从社会方面来说，长期的观念错误导致职业教育的社会认可度不高。“万般皆下品，唯有读书高”，中国人潜意识里视高职教育为“次等教育”，学生们不愿上，家长们不支持，用人单位不重视，社会认可度低，使得高职院校招生难，制约了高职院校的正常发展，阻碍了尊重技术应用型人才社会氛围的形成。

面对社会发展的新局面，高等教育体系改革势在必行，特别是职业教育体系亟须改变。一国的教育体系结构一定要与其社会特征相适应，也就是与经济发展、就业政策以及就业和产业结构相适应。因此，我国必须建立起与自身发展相适应的教育体系。我国处于经济发展新阶段，培养高素质、高技能并对市场具有优秀适应力的人才是当前教育的重心，而从直观的效果来看，职业教育较之普通高等教育更具优势，其转型更为急迫。

为了加快职业教育体系建设，2014 年 4 月 1 日国务院发布了《国务院关于加快发展现代职业教育的决定》，确定了“政府推动、市场引导”“加强统筹、分类指导”“服务需求、就业导向”“产教融合、特色办学”“系统培养、多样成才”的基本原则，并提出了一系列的目标政策。而本次政协会议强调“产教融合、校企合作”，通过大力加强产业和教学的联系，促进学校和企业的合作，直接解决职业教育的主要问题。首先，建立产业和教学的专属“直通车”，能促使职业教育的方向和手段目标化，有助于明确职业教育的办学理念和方法，加强职业教育的效率，同时加大对就业的保障。其次，通过学校和企业的对口合作，一方面能解决学校的经费和师资问题，同时也能缓解企业技术人才紧缺的局面，达到双赢的效果。最后，职业教育的产业化和市场化能帮助解决当前人才结构单一和供求尴尬的问题，增加人才对市场的适应力。“产教融合、校企合作”是为经济转型提供人才所迈出的有效的一步。

高等教育体制改革是一个漫长的过程，在重视职业教育发展的同时，不能忽略普通高等教育的发展。一方面，要通过发展优秀的职业教育滤除学术教育灰色地带中的“残渣”；另一方面，需要在一定程度上融合职业教育与学术教育，使得两种教育既密不可分又各有侧重，并使之处于互相带动的良性循环之中。

（文/王曹翼）

7月　经济改革新政促市场公平

习近平拉美行打造中拉命运共同体

中央政治局常委密集调研全国各地

中央印发经济改革新意见促市场公平

央企“四项改革”试点启动

国务院启动全国性户籍制度改革

习近平拉美行打造中拉命运共同体

2014年7月15日至23日，国家主席习近平应邀出访拉美，出席金砖国家领导人第六次会晤及中国—拉美和加勒比国家领导人会晤，对巴西、阿根廷、委内瑞拉、古巴进行国事访问。此次出访被视为共荣、共济、互鉴之旅，为中拉之间开展整体合作、打造中拉命运共同体、重塑世界格局揭开了新篇章。

就深化中拉合作而言，习近平此次拉美行成果丰硕。长期以来，中国与拉美各国都有着广泛的共同利益与深度合作。习近平此次到访，在既有基础上提出了构建“1+3+6”合作的新框架。所谓“1+3+6”合作框架是指在《中国与拉美和加勒比国家合作规划（2015—2019）》下，以贸易、投资、金融合作为动力，在能源资源、基础设施建设、农业、制造业、科技创新、信息技术六大领域开展重点合作，推进中拉产业对接，推动中拉互利合作深入发展。在具体优惠措施上，中国承诺将中拉基础设施专项贷款额度从100亿美元增至200亿美元；将向拉美和加勒比国家提供100亿美元的优惠性质贷款，全面启动中拉合作基金并承诺出资50亿美元；还将正式实施5000万美元的中拉农业合作专项资金等。此外，中国还与巴西、秘鲁就共建“两洋铁路”事宜达成了初步共识。两洋铁路横跨南美大陆，其兴建将极大推动拉美交通运输的一体化，进而促进拉美经济的一体化，也将在很大程度上改变西半球交通运输的传统格局。

就提升中拉关系、重塑世界格局而言，习近平此次拉美行意义深远。中国与巴西的“全面战略伙伴关系”已经迈向“命运共同体”，中国与阿根廷、委内瑞拉关系已经双双提升为“全面战略伙伴关系”，对中国与古巴的发展关系提出了“三个坚定不移”①。而中国—拉共体论坛的成立则实现了中国与拉美国家间关系由双边到多边的历史性突破。值得一提的是，2013 年 11 月，美国国务卿克里宣布支配美国和拉丁美洲关系近 200 年的“门罗主义”政策已经终结，转而“遵守美洲国家作为合作伙伴共同做出的决定，以推进共同的价值观和利益”。这不仅意味着长期受到美国政治影响的拉美迎来新的发展契机，也意味着中拉关系的发展值得注入新的内容。随着中拉关系稳步提升，“中国梦”与“拉美梦”的对接，中拉之间“你中有我、我中有你”的命运共同体的初步形成，拉美乃至世界的政治经济格局正在发生改变。

对中国而言，习近平此次拉美行更是中国大国外交的重要组成部分。随着国力的逐步增长，中国的外交政策已相应调整，正实现从韬光养晦到有所作为的转变。从中国在非洲的基础设施援助项目，到目前正在全力推进的亚洲基础设施投资银行，再到中国—拉共体论坛以及金砖国家开发银行，中国通过凝聚自身的外汇储备优势、基础建设优势以及睦邻友好的政治形象优势，在世界范围内树立起了中国特色大国外交的新形象，为改变国际政治经济秩序注入了新内容、新能量。

当然，中拉关系的发展不可能一帆风顺。一方面，拉美依然是美国的

① 三个坚定不移是指，坚定不移深化肝胆相照的友谊，坚定不移开展互利共赢的合作，坚定不移做改革发展的伙伴。

核心利益所在，“门罗主义”的终结并不代表美国已放弃其在拉美的利益。中国在拉美积极作为的同时，也会避其锋芒；另一方面，由于拉美地区长期的经济民族主义以及中拉在产业结构上的竞争性，中拉之间还存在不少贸易摩擦。因此，建立更为紧密的互信机制与常态化的冲突解决机制十分必要。

（文/何鼎鼎）

中央政治局常委密集调研全国各地

7 月，中央政治局常委在全国各地进行密集调研。李克强考察湖南、山东，俞正声、王岐山调研内蒙古，刘云山赴青海、上海，张高丽踏足宁夏、甘肃、福建。此次政治局常委调研地方，深入了解各地发展态势，掌握一手资料。

此轮调研以经济和民生为中心内容，并依各常委分管的领域不同而各有侧重。在调研中，常委深入基层、工厂一线了解农民和企业的生产经营情况，听取群众的意见和呼声。从 2013 年底开始，中国经济的下行压力越来越大，严重的房地产泡沫、沉重的地方债务、银行资金流动性不足加上产能过剩等带来的一系列经济问题亟须解决。经济发展关系到国计民生，而传统的经济发展模式难以维持，李克强总理在山东调研时指出：“坚持处理好保持经济平稳较快发展、调整经济结构和管理通胀预期的关系，巩固经济回升向好势头，更加注重提高增长的质量和效益，切实加快经济发展方式转变，增强持续发展能力和内生动力。”① 在这一转型的关键时期离不开政府和市场两方面的协

① 李克强．保持经济平稳较快发展提高增长的质量和效益［OL］．人民网，2010－07－11.

调，政府将继续简政放权，打通抓落实的“最先一公里”和“最后一公里”，消除“中梗阻”，避免截留改革红利，让千千万万愿意创业的人更方便拿到市场“入场券”。同时也要完善监管，创造公平环境，让市场活起来。

调研地点中民族自治地区占了很大一部分，凸显中央对民族工作的高度关注。民族的团结稳定关乎国家发展的大局，少数民族地区大多处于边境地区，一旦出现动荡不仅仅会影响国内局势的安定，还可能牵涉国际势力和国际关系的处理。此外，西北和北部的少数民族地区在拉动内需和固定资产投资方面都有着巨大的潜力，提高民族地区人民的经济发展水平将极大地稳定和巩固民族关系。2014 年 7 月几位政治局常委 8 次到地方调研，4 次选择在少数民族地区，分别是内蒙古、青海、宁夏、甘肃。就内蒙古一地而言，2014 年内已有 4 位常委 5 次前往调研。俞正声在内蒙古调研时强调，我国是统一的多民族国家，民族工作关乎大局。要坚持和发展党的民族理论政策，坚持和完善民族区域自治制度，牢固树立“三个离不开”思想，强化“四个认同”，高度关注教育、医疗、就业、基础设施、生态环境等问题，进一步提高民族工作水平，更好地维护民族团结、社会稳定、国家统一。①

改善党和政府的执政作风治理问题是调研中的另一个重要目标。国家长治久安需要稳定有力、为人民服务的政府和工作人员，自党的十八大以来，中央就将党和政府的廉政作风建设作为一项重要任务。中国共产党的先进性不能仅仅表现在理论上，更需要在实践中接受检验，尤其在市场经济浪潮中，如何防止党员干部迷失方向成为中国共产党执政的一个重大问题。中央巡视组进驻地方基层巡视调查的行动显示了从严治党的决心，反腐行为和取得的成果也赢得了广大民众的支持。王岐山在内蒙古调研时指出：“要完善巡视工作体制机制，抓紧工作部署，认真听取巡视情况汇报，充分运用巡视成果。

① 俞正声在内蒙古调研时强调：促进各民族共同繁荣发展［OL］. 新华网，2014－07－21.

要搞好巡视‘三部曲’，发现问题、负责任地提出解决问题的意见建议、推动问题解决。对巡视发现的问题线索要深入分析研判，依纪依规分类处置，该查处的查处，该诫勉的诫勉，该警示教育的警示教育，对反映不实的及时澄清，做到事事有回音、件件有着落”。①此次调研中，中央对目前党政工作整改落实的强调，是对既有反腐工作的巩固，同时也体现出反腐工作正走向常态化。

除一直备受关注的经济民生领域外，民族问题和反腐问题成为此轮中央调研新增的关注点。中央政治局常委深入了解地方发展态势，是为即将召开的十八届四中全会的研究、探讨、决策做准备，也充分体现出实践对于政策制定的重要意义。

（文/郭迁迁）

中央印发经济改革新意见促市场公平

7月上旬，国务院印发《关于促进市场公平竞争维护市场正常秩序的若干意见》(以下简称《意见》)。《意见》强调放宽市场准入，增进市场竞争，强化市场监管，放管结合，让政府真正做到“放手”而不“甩手”，更加注重改善、强化对市场行为的监管，维护市场的公平竞争和正常秩序，到2020年建成体制比较成熟、制度更加定型的市场监管体系。

围绕着力解决市场体系不完善、政府干预过多和监管不到位等重点问题，为平等保护各类市场主体合法权益，《意见》就维护公平竞争的市场秩序，促进经济社会持续健康发展做出重要部署。《意见》在指导思想上明确了简政放

① 王岐山在内蒙古锡林勒调研：党内监督没有禁区［N］. 京华时报，2014-07-05.

权、依法监管、公正透明、权责一致和社会共治等基本原则，强调立足于促进企业自主经营、公平竞争，消费者自由选择、自主消费，商品和要素自由流动、平等交换，建设统一开放、竞争有序、诚信守法、监管有力的现代市场体系，加快形成权责明确、公平公正、透明高效、法治保障的市场监管格局。《意见》明确，促进市场公平竞争和维护市场正常秩序，基本原则之一是简政放权，要充分发挥市场在资源配置中的决定性作用，把该放的权力放开放到位，法不禁止市场主体即可为，法未授权政府部门不能为；基本原则之二是更好发挥政府作用，坚持运用法治思维和法治方式履行市场监管职能，推进市场监管制度化、规范化、程序化，建设法治化市场环境。坚持这两个基本原则，就是要发挥好市场“看不见的手”和政府“看得见的手”的作用，努力形成市场作用和政府作用有机统一、相互协调的格局，实现市场竞争效益和政府监管效益的双赢。

以完备的监管体制给市场留出更公平自由的竞争空间，成为《意见》的核心与特点。具体内容上，《意见》提出了七个方面的工作任务，重点是放宽市场准入，维护市场信用，同时以有效监管促进公平竞争。首先，对市场主体的限制要进一步放开。《意见》阐明，凡是市场主体基于自愿的投资经营和民商事行为，只要不属于法律法规禁止进入的领域，不损害第三方利益、社会公共利益和国家安全，政府不得限制进入。其次，要着力打破地区封锁和行业垄断。对各级政府和部门涉及市场准入、经营行为规范的法规、规章和规定进行全面清理，废除妨碍全国统一市场和公平竞争的规定和做法，纠正违反法律法规实行优惠政策招商的行为，纠正违反法律法规对外地产品或者服务设定歧视性准入条件及收费项目、规定歧视性价格及购买指定的产品、服务等行为。对公用事业和重要公共基础设施领域实行特许经营等方式，引入竞争机制，放开自然垄断行业竞争性业务。再次，充分建立健全市场监管和执法机制，为市场主体的公平竞争提供有力保障。《意见》用4个章节分别部署了市场行为监管、市场监管执法、监管执法体制和相关保障的内容，其中改革市场监管执法体制成为值得关注的新亮点。《意见》要求整合优化执法资源，减少执法层级，健全协作机制，提高监管效能，是为了着力解决多头执法、多层重复执法问题，规范和完善监管执法协作配合机制，力求做好市场监管执法与司法的相互衔接。最后，在维护市场信用方面，除了《意见》的第四章提出运用信息公示、信息共享和信用约束等手段夯实信用基础外，国务院常务会议审议通过的《企业信息公示暂行条例（草案)》也同时强调，加快实施企业信息公示制度，从主要依靠行政审批管企业，转向更多依靠建立透明诚信的市场秩序规范企业，让“信用”成为社会主义市场经济体系的“基础桩”，是创新政府事中事后监管的重要改革举措。

在探索政府与市场关系中，本次《意见》最大的进展在于将公平作为市场健康发展所追求的价值目标之一。这缘于党的十八大以来多次强调转变政府职能，充分发挥市场在资源配置中的决定性作用。政府放开手并非不管，创新监管、放管结合，建立信用机制，营造公平竞争的市场环境才是题中应有之义。简政放权就是要以良性市场和更优的监管代替配置，大幅度减少政府对资源的直接支配，推动资源配置依据市场规则、市场价格、市场竞争实现效益最大化和效率最优化。下一步推进市场化改革的过程中，还将继续减少行政审批事项、打破地区封锁和行业垄断、完善市场退出机制，强化监管，完善市场，为市场整体营造公平竞争的良好局面。

（文/柴璐）

央企“四项改革”试点启动

2014 年 7 月，国资委召开全面深化改革领导小组第九次全体会议，审议《关于启动四项改革试点工作的建议》。7 月15 日，国资委召开新闻发布会，宣布在中央企业启动“四项改革”试点工作，六家央企入选首批改革试点。这是国资委贯彻落实党的十八届三中全会精神、全面深化国资国企改革的一项重要举措，集中体现“支持有条件的国有企业改组为国有资本投资公司”“积极发展混合所有制经济”“推动国有企业完善现代企业制度”等规划要求。这意味着新一轮国企改革突破理论层面的指导和讨论，迈出了实质性一步。

改革开放以来，国企改革历经艰难探索、体制转轨、深化改革等诸个阶段，取得了一定成效，对我国经济发展和社会稳定发挥了重要作用。然而，当前国企改革仍面临诸多难题：第一，国资委与国企权责不明，管理灵活度不够，事前行政审批过多，造成国有资产回报低、效益差；第二，国企经营方式和国企体制、制度的市场化问题仍未解决，存在无人能对国企的经营后果担责的现象；第三，国家电力、中石油等数十位央企高管接连落马，国企反腐任务依然艰巨。此次“四项改革”试点工作，一方面，突破理论走向实践，不断深化和探索，显示出改革的决心和魄力；另一方面，以点带面，谨慎选择少数几家近年来改革力度大且效果好的企业入手，稳步实施，有序推进。

具体来说，“四项改革”包括以下内容：一是在国家开发投资公司、中粮集团开展改组国有资本投资公司试点，探索国资委主要职能由“管企业”向“管资本”的转变；二是在国药集团、中国建材开展发展混合所有制经济试点，重点探索企业治理结构、职业经理人制度和市场化劳动用工制度、市场化激励和约束机制、企业员工持股、有效监管机制、党建工作有效机制等；三是在新兴际华、中国节能、国药集团、中国建材开展董事会行使高级管理人员选聘、业绩考核和薪酬管理职权试点，探索完善国有企业公司法人治理结构的工作机制；四是在国资委管理主要负责人的中央企业中选择 2～3 家开展派驻纪检组试点，探索对国企负责人重点监督的纪检监察方式。

“四项改革”试点重点突出，是对现行国资管理体制框架总体肯定基础上的完善。首先，将有条件的国企改组为国有资本投资公司，体现国有出资人机构从“管企业”向“管资本”的重大转变。其次，混合所有制改革从两家处于竞争行业的央企而非垄断型央企入手，防止垄断利润通过混改由整体流向局部或个人，防范国有资产流失风险。再次，国资委与国企董事会将会明确职责界限，在不越法律法规红线、不碰国有资产流失底线的前提下，多开绿灯，少踩刹车。最后，国资委通过央企纪检官员由其上一级单位派驻、酬劳及职位升迁由上级单位负责的“错位监督”机制，分割企业利益团体的部分利益，减少腐败窝案，推动中央企业反腐败体制机制创新。

国企改革的重点在于保证国有资产控制权、提高竞争力。改革的成效直接关系到我国市场经济的健康发展，改革中各方力量的博弈亦将对今后我国社会经济格局带来冲击。此次启动试点工作就是在有关政策制定的同时，针对改革重点难点问题先行先试，取得经验，进一步完善政策。因此，必须坚持因企制宜、一企一策，梯次展开、逐步推广等原则，在提升效率的同时防范风险，将改革落到实处。

（文/王沛嘉）

国务院启动全国性户籍制度改革

7 月底，国务院印发《国务院关于进一步推进户籍制度改革的意见》（以下简称《意见》），要求取消农业户口与非农业户口性质区分和由此衍生的蓝印户口等户口类型，统一登记为居民户口，建立与统一城乡户口登记制度相适应的教育、卫生计生、就业、社保、住房、土地及人口统计制度。这标志着全国性户籍制度改革已经启动。

户籍制度是保障工业优先发展的产物。中华人民共和国成立初期，中央政府确定了农业支援工业、农村保障城市的经济发展战略，对农副产品实行低价统购统销，以积累城市工业化建设必需的资金。但小农生产方式产粮有限，无法满足城市大规模集中供粮的需要，且期间大批农民涌入城市谋生，给粮食供应带来巨大压力。1958 年，全国人大常委会通过《中华人民共和国户口登记条例》，严格限制农村人口流入城市。城市户口和农村户口的“二元结构”由此形成。但改革开放后，劳动力开始在城乡、地区之间自由流动，由于户籍制度的存在，使得从农村进入城市的数亿农民工不能平等享受城市公共服务，导致农民工权益得不到保障、城市化难以实质推进等问题，户籍制度改革势在必行。

此次《意见》颁布，标志着全国性户籍制度改革已经启动，这是迈向基本公共服务均等化的重要一步。但也应看到，改革的政策目标体现了“稳妥推进”的总体思路，并非试图一步到位。第一，《意见》规定“充分考虑当地经济社会发展水平、城市综合承载能力和提供基本公共服务的能力，实施差别化落户政策”，因此个别地区的落户政策可能趋严，并非全盘放开。对建制镇和小城市、中等城市、大城市、特大城市而言，在城镇有“合法稳定就业并有合法稳定住所（含租赁）”，只是落户的入门条件，在此基础上，城镇规模越大，落户条件越苛刻。第二，户籍制度改革的优先受益者将是“有能力在城镇稳定就业和生活的常住人口”。《意见》强调“优先解决存量，有序引导增量”，重点解决进城时间长、就业能力强、可以适应城镇产业转型升级和市场竞争环境的人员落户问题。不断提高高校毕业生、技术工人、职业院校毕业生、留学回国人员等常住人口的城镇落户率。第三，居住证制度将成为一项重要的过渡措施。对在城镇工作、居住一定期限、暂不满足落户条件的人群，政府将发放居住证，据以提供对应的、逐步升级的（直至满足落户条件）公共服务。第四，《意见》严令禁止以退出“三权”（土地承包经营权、宅基地使用权、集体收益分配权）为条件的落户政策。对农民而言，“三权”意味着不满足城镇落户条件时，还有土地、宅基地等作为基本生活保障。而若强行要求农民退出“三权”，将其推向城市，万一在城市无法就业和居住，势必会导致社会问题。

户籍制度改革的本质问题是附着在户籍之上的福利资源的分配问题。骤然放开，必然导致人口蜂拥至城市，尤其是少数特大城市，使公共服务不堪重负。因此，不应期望一步到位地在城乡之间建立完全均等的公共服务体系或解决农村人口的城市化问题。当前改革先让已经融入城市的那部分人落户，享受完全的公共服务，那些暂时无法落户的人可凭借居住证享受一定的公共服务，最后还有农村“三权”作为退路，不失为一条合理可行的路径。但这仅仅是一个开始，真正建立起均等的公共服务体系，还有很长的路要走。

（文/吴双）

8月　各项政策护航“中国创新”

中央通过央企领导薪酬改革方案

新一轮振兴东北政策出台

国务院进一步加强棚户区改造工作

国务院发布保险业“新国十条”

加快发展生产性服务业　促进产业结构升级

发展科技服务业为“中国创新”保驾护航

国务院督查政策落实　首次引入第三方评估

中央通过央企领导薪酬改革方案

8月18日，中央全面深化改革领导小组第四次会议审议通过《中央管理企业主要负责人薪酬制度改革方案》（以下简称《方案》）和《关于合理确定并严格规范中央企业负责人履职待遇、业务支出的意见》（以下简称《意见》），明确提出改革央企负责人薪酬制度，调整偏高、过高收入，根除按照职务设置消费定额等现有做法。

长期以来，国企高管不论市场好坏坐拥高额薪金的现象饱受诟病，薪酬结构不合理、支出不规范也已成为推动国企改革的阻力，因此调整国企收入分配秩序的呼声日益强烈。此次《方案》和《意见》分别从薪酬制度改革和限制职务支出两个方面对中央企业进行了规范调整。《方案》明确了两点内容：一是要将坚持分类分级管理，建立与中央企业负责人选任方式相匹配、与企业功能性质相适应的差异化薪酬分配办法，避免“一刀切”，将任命制和聘任制分开，将公益性、垄断性和市场竞争性企业分开；二是渐进式推进国有企业负责人薪酬制度改革，其他中央企业负责人、中央各部门所属企业和地方国有企业负责人薪酬制度改革，也要参照《方案》精神积极稳妥推进。《意见》对中央企业负责人公务用车、办公用房等方面设置上限标准，除国家规定的履职待遇和符合财务制度规定标准的业务支出外，禁止设置“职务消费”。

在全面深化改革有序推进的节点上，中央打开国企负责人薪酬制度改革的突破口，是主动调整国企收入分配制度的有力举措，足见攻坚克难的决心。后续工作应注重政策执行，建立与任期考核相联系的中长期激励制度，有效留住人才。第一，要建立规范有效的制度监管和执行机制。企业要进一步完善职务消费的名目、标准和额度限制，特别是要从源头上对职务消费进行预算控制；监管部门要进一步加大审计监察力度，对违反规定的职务消费行为进行严肃查处。第二，要促进央企高管身份属性与现代企业治理体系的融合。央企高管由国资委甚至是中央委任，既非职业经理人，也非政府官员，不对董事会负责，却管理企业事务，必须逐步探索高管任命的市场化、公开化和透明化，增加央企高管产生的合理性。第三，要结合混合所有制改革等综合配套措施，在“反四风”的政治约束力之外，加快发展混合所有制经济，消除过度垄断因素，进而从根本上实现分配制度的公平公正。

（文/柴璐）

新一轮振兴东北政策出台

8 月 19 日，国务院印发《关于近期支持东北振兴若干重大政策举措的意见》，就东北地区部分行业生产经营困难，深层次体制性、机制性和结构性矛盾凸显等问题，推出一系列振兴政策。

作为全国最早的重工业基地，东北地区在计划经济体制下的政策扶持发展路径在改革开放后难以为继，产业结构和所有制结构单一的矛盾日益突出，旧体制遗留的问题不断显现。2003 年，中央发布《关于实施东北地区等老工业基地振兴战略的若干意见》。2009 年，国务院又发布《关于进一步实施东北地区等老工业基地振兴战略的若干意见》。上述政策的落实一度为东北发展注入了新的活力，但一些制约东北振兴的深层矛盾尚未根本解决，国企改革有待深化等问题日益突出。

本轮振兴东北政策聚焦市场调节机制、国有企业改革、产业结构调整和城市转型等，特点亮点突出。第一，发挥市场在资源配置中的决定性作用，着力激发市场活力，以简政放权为突破口，促进各类市场主体活力和创新力竞相迸发；第二，深化国有企业改革，妥善解决国有企业改革历史遗留问题，积极稳妥推进央企与地方国企改革，促进央企与地方经济深度融合发展；第三，调整优化生产力布局，加快改造提升传统产业，积极发展战略性新兴产业，全面提升产业竞争力；第四，推动城市转型发展，完善城市功能，支持城区老工业区和独立工矿区搬迁改造，促进资源型城市转型，建设宜产宜居的现代城市。

推进东北地区全面深化改革，是稳增长、促改革、调结构、惠民生的全局需要，也是实现全国地域协调发展的迫切需要，对全国工业城市发展具有较强的借鉴意义。在政策后续推进过程中，必须结合中央政策和已有的成功经验，稳步探索东北振兴路径。其一，明确主导产业，整合资源，实现地域互补、互相配套、共同发展。尽快结束产业结构的松散局面，加速整合重工业基地和商品粮基地两大产业资源，做大优势企业；其二，以循环经济发展模式为方向，加快转变经济增长方式。紧抓国家经济结构调整和新一轮振兴计划的有利契机，积极促进经济、社会与生态环境之间的良性循环，走出一条新型工业化道路；其三，区别对待单一资源型、原材料型、装备制造型等各类基地，针对不同的基地特点，采取不同策略，实行分类指导。

（文/郭迁迁）

国务院进一步加强棚户区改造工作

8 月4 日，国务院发布《关于进一步加强棚户区改造工作的通知》（以下简称《通知》），要求加大棚户区改造力度，早日改善困难群众住房条件。同时有效拉动投资、消费需求，带动相关产业发展，推进以人为核心的新型城镇化建设。

2008 年，中央将棚户区改造纳入城镇保障性安居工程。2013 年国务院发布《关于加快棚户区改造工作的意见》（以下简称《意见》），部署改造约 1 亿人居住的城镇棚户区和城中村计划。2008—2012 年，全国改造各类棚户区 1260 万户；2013 年改造各类棚户区 320 万户以上；2014 年计划改造 470 万户以上。近几年的棚户区改造，有效改善了困难群众住房条件，缓解了城市内部二元矛盾，提升了城镇综合承载能力，促进了经济增长与社会和谐。但目前仍有部分群众居住在棚户区中，条件简陋，环境较差，安全隐患多，改造难度大。

与《意见》相比，《通知》对棚户区改造中的多发问题做了更为细致的规定。一方面，突出了加快做好项目前期工作的要求。在征收补偿方面，居民可自愿选择实物安置和货币补偿方式，各地区可探索采取共有产权的办法，做好经济困难棚户区居民的住房安置工作；在行政审批快速通道的建设中，要求市、县发展改革、国土资源、住房城乡建设等部门通力合作，简化审批程序，提高工作效率。另一方面，细化了加快配套设施建设的具体方法，并首次提出完善社区公共服务的要求。《通知》强调要将新建安置住房小区及时纳入街道和社区管理，组织好物业服务工作，发展便民利民服务，鼓励邮政、金融、电信等公用事业服务单位在社区设点服务。

进一步加强棚户区改造工作，在改善民生、拉动经济增长方面具有重要意义。第一，棚户区改造需要投入大量资金，能带动交通运输、建筑材料等相关行业的发展。据测算，加大棚户区改造力度，将使棚户区改造投资对房地产投资的拉动增加 2.29%，对固定资产投资的拉动增加 0.43%，对 GDP 的拉动增加 0.21%。第二，棚户区改造提供了新的投资领域。在目前工业产能严重过剩的情况下，投资棚户区可消化产能过剩，满足投资需求，保持经济平稳发展。第三，有利于稳定房地产市场。目前全国楼市成交出现下滑，预计短期内房地产低迷的情况难以改变，而棚户区改造工程建设却如火如荼，将有助于房地产市场的稳定。第四，棚户区改造能为推进新型城镇化奠定基础。要使大量新进城的新转移人口达到“居者有其屋”的目的，在保障房体系建设中，棚户区改造可能是一个重要途径。

中国传统文化历来强调安土重迁、以家为本，“安得广厦千万间，大庇天下寒士俱欢颜”充分表达了对底层群众的关怀与对美好生活的期待。当前，棚户区改造正在政府主导下稳步推进，取得了突出成就。下一阶段改革不仅要让广大困难家庭“住得起”，还要“住得好”，真正保障好底层人民“居有其所”的基本民生需求。

（文/杨煜超）

国务院发布保险业“新国十条”

8 月 13 日，国务院正式发布《关于加快发展现代保险服务业的若干意见》，业界统称为“新国十条”。这是继 2006 年国务院发布《关于保险业改革发展的若干意见》（“旧国十条”）之后，国家政策层面对保险业的全方位指引，也是对党的十八届三中全会决议中“完善保险经济补偿机制，建立巨灾保险制度”规划的贯彻落实。“新国十条”明确了未来保险业的发展目标和方向[①]，在养老、健康、公共安全等多个领域勾勒出保险业转型升级的蓝图，从目标和细节上赋予保险行业前所未有的历史地位。

“旧国十条”出台以来，我国保险业发展取得了长足进步：市场规模不断扩大，保费收入年均增长 17.3%，2013 年达到 1.7 万亿元，成为全球第四大保险市场；保险机构数量大幅增加，市场体系快速发育；农业保险覆盖全国所有省份，已成为世界第二大农业保险市场；基础设施投资承保、出口信用承保等领域亦发展迅速。

但从总体上看，中国保险业发展还比较滞后。第一，保险业整体实力有待壮大，对经济社会发展的支撑作用没有完全发挥起来。美国保险业在 GDP 中的占比达到 2.8%，而我国仅有 0.4%。第二，保险业服务领域有限，服务水平不高。巨灾商业保险赔款在国际上一般占到灾害损失的 30%~40%，我国还不到 1%；农业保险、养老保险等险种在广度和深度上具有较大拓展空间，技术手段、管理水平和队伍建设也相对滞后。第三，全社会保险意识淡薄，各方面运用保险机制的主动性不强，缺乏将保险作为社会管理机制的意识，缺乏相应的政策指引。

“新国十条”在总结以往经验和存在问题的基础上，跳出“就保险谈保险”的惯性思维，将保险业的规划放到宏观经济发展、治理现代化的大框架下考虑，不仅重视保险的经济意义，而且关注保险的社会管理职能。首先，以顶层设计的形式明确发展目标，即到 2020 年基本建立保障全面、功能完善、安全稳健、诚信规范，具有较强服务能力、创新能力和国际竞争力，与

① 在“新国十条”中，未来保险业的发展目标和方向是：“到 2020 年，基本建成保障全面、功能完善、安全稳健、诚信规范，具有较强服务能力、创新能力和国际竞争力，与我国经济社会发展需求相适应的现代保险服务业，努力由保险大国向保险强国转变。”

我国经济社会发展需求相适应的现代保险服务业，努力由保险大国向保险强国转变。其次，详细阐释保险行业转型升级的新蓝图，高度关注民生。探索试点食品安全等强制险；适时开展个人税收递延型商业养老保险即“减税养老”试点；政府购买医疗服务以提高保障水平，明确支持医疗；建立财政支持下的多层次巨灾风险分散机制，为巨灾风险提供保费来源；试点农产品价格保险、天气指数保险、农机农房保险等“三农”险种。

“新国十条”赋予保险业“促进经济提质增效升级的高效引擎和转变政府职能的重要抓手”的使命，在当前社会全面深化改革与经济结构转型升级的大背景下，将有助于保险业进一步发挥社会稳定器的作用，为经济社会提供有效的风险管理和保障。发展具有国际竞争力的现代服务业，最终要靠行业的内生发展，外部环境和机遇需要相应的服务能力来支撑。应当充分认识加快保险业发展的重要意义，加强沟通协调、形成工作合力，确保各项措施落实到位，促进保险业有序健康发展。

（文/王沛嘉）

加快发展生产性服务业，促进产业结构升级

8 月6 日，国务院印发《关于加快发展生产性服务业促进产业结构调整升级的指导意见》（以下简称《意见》），首次对生产性服务业发展做出全面部署。《意见》提出要以产业转型升级需求为向导，加快生产性服务业发展，引导企业进一步打破“大而全、小而全”的格局，分离和外包非核心业务，向价值链高端延伸，促进我国产业逐步由生产制造型向生产服务型转变。

生产性服务业是指为保障工业生产、促进技术进步和产业升级而提供配套服务的行业，主要包括物流、研发、信息、中介、金融以及贸易服务等。

当前，我国生产性服务业虽有发展却仍然滞后。2014 年上半年全国服务业增加值达到 12.54 万亿元，增长 8%，占国内生产总值的比重达到 46.6%，同比提高 1.3 个百分点。但一方面，我国服务业特别是生产性服务业水平仍低于发达国家，国际竞争力较弱，有很大的发展潜力与空间；另一方面，与产业升级和人民群众日益增长的物质文化需求相比，生产性服务业发展相对滞后、水平不高、结构不合理等问题仍较为突出。

此次《意见》明确了鼓励企业向产业价值链高端发展、推动农业生产和工业制造现代化、加快生产制造与信息技术服务融合等三大发展导向，确定了与产业转型升级密切相关的 11 个主要任务，并提出了进一步扩大开放等六大政策措施，在改善国计民生、促进经济增长等方面意义重大。其一，有利于推动社会事业的发展。生产性服务业可以加快养老、医疗、文化服务等社会问题的解决，完善民生体系；其二，有利于促进产业结构优化升级。生产性服务业专业性强、创新活跃，能有效增加高附加值产业的供给，推动产业向价值链中的高端发展，促进产业结构调整和经济转型。其三，有利于带动全行业协同发展。生产性服务业具有极高的产业融合度，与其他经济增长点紧密结合，对农业、工业等产业的多个环节带动作用明显。

生产性服务业近年来地位日趋重要，无论是政府工作报告还是中央政治局会议，都强调对生产性服务业的发展。此次《意见》更是释放出强烈的政策信号：调整经济结构、促进转型升级将成为经济发展大趋势。随着京津冀一体化、丝绸之路经济带、21 世纪海上丝绸之路以及长江经济带四大重点战略的逐步推进，摒弃旧的发展模式，以全新理念支撑区域和全局经济长期持续健康发展已成共识。因此，加快发展生产性服务业，增加社会各类服务的有效供给，促进消费与投资的有机平衡，进而推动产业结构优化升级，是中国经济发展的题中应有之义。

（文/蔡淼）

发展科技服务业为“中国创新”保驾护航

8月19日，国务院召开常务会议，部署加快发展科技服务业工作。会议出台扶持科技服务业发展的五项举措，从市场准入、技术支持、财税、融资、人才等多角度为科技服务业的发展提供有力支持，创造良好的体制机制环境。

科技服务业是以技术和知识向社会提供服务的产业，包括科学研究、技术服务、技术推广等活动。它为科技创新和应用提供综合服务，是整个科技产业链必不可少的一部分，也是推动产业结构升级优化的关键产业。此次会议明确以研发中介、技术转移、创业孵化、知识产权等领域为重点，从细节处完善整个科技产业链条。

会议从实操层面提出五项扶持举措。第一，要有序放开市场准入，发挥市场机制作用，引导社会资本积极参与，支持合伙制、有限合伙制科技服务企业发展；第二，要积极推进重点实验室、大型科技仪器中心等公共技术平台建设，向社会开放服务；第三，要加大财税支持，对认定为高新技术企业的科技服务企业，减按15%的税率征收企业所得税；第四，要改革创新投融资体制，建立多元化资金投入体系，发挥财政资金杠杆作用，积极探索以政府购买服务、“后补助”等方式支持公共科技服务发展；第五，要加强人才引进和培养，强化国际交流合作。上述措施可概括为三个层次：制度、资金和人才，这三个要素正是我国科技服务业发展的关键。

科技创新是一国创新能力的重要组成部分和集中体现，不仅关系到国家科技成果和物质财富的积累，也关系到一国在世界范围内的竞争力与话语权。科技服务业本身具有辅助性质，其核心和关键正是促进科技创新能力的进一步提升。因此，发展科技服务业意义重大。一方面，科技服务业为科技创新提供了“动态支撑”，不仅全程保障了科技研发过程中的各种服务需要，而且最终推动实现科研成果向应用的转化；另一方面，科技服务业作为整个生产服务业的一部分，其发展必然推动生产服务业的整体快速发展，从而为工业生产提供新的增长点，助推制造业转型升级。

创新能力不是某个领域的问题，也不是某个行业的任务，而是需要举国上下的支撑，需要国家层面的政策安排。党的十八大提出实施创新驱动发展战略，以实现从投资驱动型向创新驱动型国家转变，发展科技服务业也必须放在这样的前提下来理解。因此，推动科技创新，就必须从国家层面来下好服务先行的“先手棋”，以科技服务业的发展打掉阻碍科技创新的“拦路虎”，让科技创新主体“舒筋骨”，探索出一条符合中国现实的科技创新路径。

国务院督查政策落实，首次引入第三方评估

2014年6月，国务院在针对19项政策落实情况的首次全面督查中引入第三方评估机制，这在督查工作中尚属首次。自6月至8月中旬，全国工商联、国务院发展研究中心、国家行政学院、中国科学院等四家受邀机构深入中央部门和各地开展调研评估，并于8月27日在中南海作了有关政策落实情况的第三方评估汇报。

长期以来，我国社会习惯于政府主导，政府也习惯于审批，对于监管和服务考虑较少，监管方面的经验相对欠缺，导致许多政策在执行过程中出现问题，而且不能得到及时有效的纠正。督查工作中的第三方评估，就是我国政府管理方式的一大尝试和创新，旨在更好地发挥督查工作的监督作用，更好地使政策落到实处并得到有效回馈和修正，以期建立一个兼具效能和公信力的现代政府。

第三方评估在工作督查方面具有明显优势。首先，第三方评估机构具有独立性。评估机构来自政策制定者和执行者之外，与政府部门没有直接的利益关系，与督查组相比更加中立和客观，更能做出真实客观的评估，使得过去督察组不便、不敢反应的问题得到客观体现。此外，第三方评估机构独立于国务院督察组，通过第三方评估报告与自查、督查情况进行对表分析，也会对督查组的工作起到监督作用，避免了政府在自我评价体系中给自己当裁判员的尴尬境地。其次，第三方评估机构具有专业性。从明确任务到成立评估组再到评估方法的确立，通过走访企业、实地考察、召开座谈会、组织问卷调查等多种形式，四家机构对评估调查进行了周密设计，不仅能提供客观公正的评估结果，还能依靠其专业知识和技能提出针对性的解决方案。最后，第三方评估更易获得民众信任。第三方评估机构不是政府机关，在基层调研时民众更易表达真实意见，可以更接近现实情况，此次第三方评估就发现了许多之前未发现的问题。

第三方评估的公信力来源于其自身的独立性。因此，要持续发挥第三方评估的积极作用，就必须保持第三方评估机构的独立性，防范利益关联方干扰甚至收买第三方评估机构，同时对第三方评估机构也应有相应监督措施。目前，第三方评估还只是事后监督，第三方评估成熟后，可以考虑在事前、事中引入第三方评估，使政策的制定和执行也能得到更加有效的监督。

党的十八届三中全会提出要“推进国家治理体系和治理能力现代化”，全面深化改革，对各级政府是一场“大考”。在督查中引入第三方评估，体现了政府勤政务实、勇于接受监督的态度，第三方评估实质上属于社会监督的一种，是社会对政府行为进行监督的一种途径，也是发挥社会力量、汇集民众智慧的平台。第三方评估的可贵之处在于既能反应基层真实意见，又能避免“多数人的暴政”；既能充分发挥精英统治专业知识和技能，又避免了“少数人的独裁”，是民主政治的新方式和新途径。第三方评估理应成为监督政府工作的常规机制，民众期待这一制度让政府决策更科学，让政策执行更坚实。但在完善第三方评估的同时，也必须探索和完善其他监督措施。

（文/刘建伟）

9月　中国特色社会主义制度趋于成熟

习近平阐释中国特色社会主义制度

李克强阐述中国经济新“三观”

国务院发布首个海运发展战略

国务院多项部署助力小微企业发展

国务院进一步规范地方债务

习近平阐释中国特色社会主义制度

庆祝全国人民代表大会成立60周年大会和中国人民政治协商会议成立65周年大会分别于9月5日和21日在京举行。习近平在两个大会上发表重要讲话，充分肯定了人民代表大会制度和政治协商制度的优越性，强调了中国历史文化传统的重要性及其与中国政治制度的密切关系，重申了坚定中国特色社会主义的道路自信、理论自信和制度自信的必要性。

在庆祝全国人民代表大会成立60周年大会上的讲话中，习近平强调了中国政治制度模式的设计和发展既要把握历史传统，又要把握以往积累的政治经验，还要把握现实要求，不能割断历史，不能想象突然搬来一座政治制度上的“飞来峰”。中国政治制度的设计和发展必须立足中国实际。此外，习近平还强调对国外的政治制度，要借鉴其有益成果，但绝不能放弃中国政治制度的根本。我们要秉持兼容并蓄的态度，“但决不能囫囵吞枣、决不能邯郸学步”，政治制度必须扎根本国土壤，并用八个“能否”① 明确了国家政治制度

① 评价一个国家政治制度是不是民主的、有效的，主要看国家领导层能否依法有序更替，全体人民能否依法管理国家事务和社会事务、管理经济和文化事业，人民群众能否畅通表达利益要求，社会各方面能否有效参与国家政治生活，国家决策能否实现科学化、民主化，各方面人才能否通过公平竞争进入国家领导和管理体系，执政党能否依照宪法法律规定实现对国家事务的领导，权力运用能否得到有效制约和监督。

民主的评判标准。①

在庆祝中国人民政治协商会议成立65周年大会上的讲话中，习近平指出实现民主的形式是丰富多样的，社会主义协商民主是社会主义民主政治的特有形式和独特优势，并对中国社会主义民主政治的制度特点和优势进行了解读。② 社会主义协商民主是中国共产党的群众路线在政治领域的重要体现，体现了人民对于国家生活和社会生活管理的参与。习近平将协商民主与中华民族的天下为公、兼容并蓄、求同存异等优秀文化传统和近代以来的政治实践联系起来，与庆祝全国人民代表大会成立60周年大会上讲话的观点不谋而合。

纵观习近平的两篇讲话，有两个突出特点：一是提出国家政治制度是否民主有效以及人民是否享有民主权利的判断标准。民主并没有放之四海而皆准的评判标准，国家制度的民主程度要从领导层更替、人民参与事务管理和表达诉求、人才公平竞争等多个维度进行考量，人民享有民主权利则表现在对于日常政治生活的持续参与和进行民主决策、民主管理、民主监督。二是指出设计和发展国家政治制度，必须注重历史和现实、理论和实践、形式和内容的有机统一。中国特色社会主义制度的生命力就在于它是从中国的社会土壤中生长起来的，是适合中国国情、具有鲜明中国特色的制度安排。

事实上，习近平主席两次讲话的实质与党的十八大强调的"道路自信、理论自信、制度自信"一脉相承。中国特色社会主义民主是个新事物，也是个好事物。但制度自信不是自视清高、自我满足，更不是裹足不前、固步自

---

① 习近平在庆祝全国人民代表大会成立60周年大会上的讲话［OL］. 新华网，2014-09-05.

② 实现民主的形式是丰富多样的，不能拘泥于刻板的模式，更不能说只有一种放之四海而皆准的评判标准。人民是否享有民主权利，要看人民是否在选举时有投票的权利，也要看人民在日常政治生活中是否有持续参与的权利；要看人民有没有进行民主选举的权利，也要看人民有没有进行民主决策、民主管理、民主监督的权利。

封，而是要把坚定制度自信和不断改革创新统一起来，在坚持根本政治制度、基本政治制度的基础上，不断推进制度体系完善和发展。

（文/彭博）

李克强阐述中国经济新“三观”

2014 夏季达沃斯论坛于9 月10 日—12 日在天津举行。李克强出席开幕式并发表特别致辞，阐述了进一步推进金融改革、继续探索自贸区新政和知识产权保护等多方面施政思路，并首次提出中国经济政策新“三观”——改革观、创新观和开放观，为解读中国经济“半年报”提供了重要风向标。

“改革观”就是继续简政放权，依靠强力激发市场活力，在合理区间内定向调控。首先，坚定强力推行改革的决心。自 2013 年 3 月李克强提出本届政府任期内把 1700 多项审批事项“砍掉三分之一”的目标以来，已有 600 多项审批事项下放和取消，简政放权取得了初步进展。中央将继续深化行政管理体制改革，力争用更短的时间完成取消和下放行政审批事项的五年任务。其次，协调好政府与市场的关系，加强事中事后监管。李克强就打造有效市场和有为政府列出三张清单：“权力清单”，政府“法无授权不可为”；“负面清单”，企业“法无禁止皆可为”；“责任清单”，政府“法定责任必须为”，三张清单清晰划定了权力和权利的边界。此外，事后监管的强力补位也是改革的重要一环。再次，抓好区间调控，保持中国经济发展新常态。李克强指出，只要经济增速保持在 7.5% 左右，高一点，低一点，都属于合理区间，要在保持定力的同时有所作为。① 这一思路应是稳中推进深化改革的新总结，在稳定

① 李克强．用好创新“金钥匙”打造经济升级版［OL］．人民网．2014－09－12.

的基础上定向调控，亦即结构性调控。

“创新观”就是从中国国情出发，努力成为创新大国。这是自8月中央财经领导小组研究实施创新驱动发展战略以来，中国高层首次对外全面系统阐述中国的创新观。随着研发投入的大幅增长和社会创新意识的兴起，中国已经成为全球第一专利大国，但创新数量领先质量却并不高，仍是创新小国，与经济实力不相匹配。对此，李克强在致辞中强调，创新不单是技术创新，更包括体制机制创新、管理创新、模式创新①。政府希望通过“营改增”，进一步解放和发展社会生产力，进一步解放和增强社会活力，打破体制机制障碍，为提高创新质量赢得更多发展空间。

“开放观”就是做一个开放的大国、学习的大国、包容的大国。在全球化深入发展之际，各国不再是“零和博弈”，彼此命运休戚与共。李克强表示，中国倡导开放公平的全球统一大市场，支持多边自贸安排和双边自贸区建设“两个轮子一起转”，努力形成“面向全球的高标准自贸区网络”，反对各种形式的保护主义，更不赞成打贸易战。中国坚持实行更加积极主动的开放政策，保持外资政策稳定，优化和规范经营环境，继续吸引优秀外国企业来华投资兴业，同时学习国外先进技术、成熟的管理经验和优秀文化成果，兼容并蓄、消化吸收。他同时强调，中国坚定走和平发展道路，是国际体系的积极参与者、建设者和贡献者，在应对国际贸易、气候变化等国际议题上，中国将履行“一个负责任大国应尽的国际义务”。②

李克强此次致辞着重阐述了“强改革、促创新、保开放”的经济工作思路，释放出中央政府未来一段时期的施政方向。在近年来打造服务型政府的过程中，中国面临着巨大阻力。可以看出，对出于各种私利动机的消极改革，

---

① 李克强在2014夏季达沃斯论坛开幕式发表致辞［OL］. 中国新闻网. 2014－09－10.

② 同①。

中央有着“不进则退”的清醒认知，专门派出督查组狠抓政策落地。同时，李克强既已向全世界展示了中国深化改革的中期成绩单，并指明了下一步的施政方向，未来一段时期内各方面工作的具体实施也必将面临国际方面的关切和检验。

（文/柴璐）

国务院发布首个海运发展战略

9 月3 日，国务院印发《关于促进海运业健康发展的若干意见》（以下简称《意见》），部署促进海运业健康发展，建立保障有力的海运船队，保障国家经济安全和能源安全，加快推进海运强国建设。这是我国首次全面系统地明确海运业发展的战略目标和主要任务。

海运业是经济社会发展重要的基础产业，在维护国家海洋权益和经济安全、推动对外贸易发展、促进产业转型升级等方面具有重要作用。自 2008 年国际金融危机以来，全球航运市场持续低迷，我国不少航运企业和造修船企业也面临巨大压力，业内人士呼吁尽快出台国家层面的政策措施，明确发展战略和指导思想，促进海运业加快结构调整和实现转型升级。2013 年 7 月，国务院出台《船舶工业加快结构调整促进转型升级实施方案（2013—2015年)》（以下简称《方案》），明确了今后一个时期我国船舶工业的发展方向、主要任务和支持措施。此次《意见》的出台，业界普遍认为是与《方案》相呼应的重大举措，将为航运业进一步深化改革奠定政策环境基础。

《意见》从目标、任务和保障三个层次对航运业做了统一规划。首先，从四个方面明确海运业的目标定位。一是到 2020 年基本建成安全、便捷、经济、绿色、高效的具有国际竞争力的现代海运体系；二是完善海运企业法人治理结构，形成具有较强国际竞争力的品牌海运企业、港口建设和运营商、全球物流的经营主体；三是建立重点物资海运船队，建成具有国际影响力的国际航运中心；四是完善海运业发展的相关配套政策和法规，促进企业进一步实施“走出去”战略。其次，从七个方面提出海运业的主要任务。一是优化海运船队结构，建立专业化船队；二是完善全球海运网络；三是推动海运企业转型升级；四是大力发展现代航运服务业；五是促进海运投融资和经营管理市场进一步开放；六是完善海运业相关标准、规则以及人才培养政策；七是推进海运安全绿色发展。最后，从四个方面确立海运业的保障措施。一是健全运输保障机制，二是发挥财税政策的支持作用，三是加强和改进行业管理，四是强化科技创新和人才队伍建设。

目前，我国海运船队运力规模达到 1.42 亿载重吨，居世界第 4 位，但与发达国家相比，我国海运业还存在较大差距。主要表现为：第一，海运服务贸易长期处于逆差状态，尤其是高端服务业水平相对于发达国家来讲竞争力较弱；第二，船队规模偏小，运力结构、专业化船队、技术水平有待优化和提高；第三，海运企业承运我国进出口货运量的总体份额偏低，只占进出口货物总量的1/4，保障本国经济安全的能力还不够。此次《意见》把海运业发展上升为国家战略，明确提出建设海运强国，促进海运业结构转型升级，提升物资运输能力，加快推进国际航运中心建设等阶段性发目标，有利于推动海运业良性发展。

《意见》对我国航运业做了顶层设计，但我国航运业发展任重而道远。自 2001 年中国加入 WTO 起，国际航运巨头强势进入中国航运市场，逐步垄断了集装箱、铁矿和原油三大货种的承运。2008 年以来，市场份额越来越集中到马士基、淡水河谷等外国航运寡头手中，中国航运业却连年亏损。可以说，在核心航运市场中，中国公司在运输主导权、运输定价权、规则制定权逐渐边缘化。这一危机的根源在于中国航运市场对国内民营企业开放不足，对国外企业却开放过度，反垄断监管名存实亡。因此，当务之急就是要开展反垄断调查，打破不公平竞争，争夺航运主导权，维护国内航运企业利益，为进一步实施《意见》创造有利环境，从真正意义上提振海运业的发展信心。

（文/杨煜超）

国务院多项部署助力小微企业发展

9 月17 日，国务院召开常务会议，部署扶持小微企业发展工作，继李克强在达沃斯论坛致辞中倡导“掀起大众创业、万众创新的新浪潮”后，进一步助力小微企业发展。

小微企业是中国经济发展的重要力量。国家工商总局发布的《全国小微企业发展报告》显示，我国现有小微企业1000 多万家，对我国GDP 的贡献超过60%，占国家纳税总额的50%以上，解决了1.5 亿人的就业问题，在抵制经济下行压力，带动大众创业、万众创新等方面发挥了重要作用。但当前小微企业的发展仍面临一些问题：其一，审批门槛较高。虽然通过工商登记“先照后证”的改革，创业者领取营业执照已经非常方便，但各类“许可证”仍然存在障碍和门槛；其二，经营风险较大。据统计，欧洲、日本中小企业平均寿命为12.5 年，美国中小企业平均寿命达8.2 年，而在中国中小企业平均寿命只有3.7 年，小微企业还不到3 年，难以长期稳定经营；其三，融资困难。小微企业还款能力相对不足，短时间内难以有效获得资金支持，我国5000 多万家小微企业和个体商户中有贷款的只占1/3，从银行贷款的不足12%。

此次国务院部署进一步扶持小微企业，释放出简政放权促发展的政策信号。在行政方面，进一步加大简政放权力度，加快清理不必要的证照和资质、资格审批，为小微企业降门槛、除障碍；在财政方面，对部分小微企业暂时免征增值税、营业税，对吸纳困难人员就业的小微企业给予社会保险补贴，免费提供技能培训、市场开拓等服务；在法律方面，进一步健全法律规范，为市场竞争中的小微企业提供可预见性的规范指南，为小微企业的发展创设良好的司法环境；在技术方面，加快服务小微企业的信息系统建设，方便企业获得政策信息，运用大数据、云计算等技术提供更有效服务。会议还特别指出，要鼓励小微企业充分利用互联网等新兴资源，真正实现创新发展。互联网作为一种全新的商业生态系统，在解决小微企业经营成本压力大、劳动成本节节攀升、融资难度进一步加大和生存负担偏重等问题上作用明显。

国务院多项部署扶持小微企业发展，旨在推动大众创业、鼓励万众创新，展示了政府在促进支持小微企业发展中的政策用意和重要作用。但“徒法不足以自行”，要真正促进小微企业发展，还需政府部门与小微企业相互配合，形成合力，促进政策在实践中落地，使小微企业在多元、平衡的商业生态系统蓬勃发展，帮助小微企业赢得“大未来”。

（文/蔡森）

国务院进一步规范地方债务

9 月 23 日，国务院办公厅下发《国务院关于加强地方政府性债务管理的意见》（以下简称《意见》），提出要赋予地方政府依法适度举债融资权限，加快建立规范的地方政府举债融资机制，同时坚决制止地方政府违法违规举债。《意见》不仅呼应了党的十八届三中全会关于建立规范合理的中央和地方政府债务管理及风险预警机制的要求，也落实了《预算法》修正案关于增加允许地方政府规范举债的规定。

长期以来，地方债可谓毁誉参半。一方面，以融资平台公司为依托的政府举债促进了地方经济社会的发展；另一方面，由于缺乏规范的举债权限，缺少对地方债务规范的管理，欠缺对地方借债的硬约束，不少地方举债模式难以持续，经济运行系统性风险普遍存在。有鉴于此，《意见》从“借、管、还”三个方面对地方债务进行了规范：一是通过明确举债主体、规范举债方式、严格举债程序等措施，旨在解决好“怎么借”的问题；二是通过控制举债规模、限定债务用途、纳入预算管理等措施，旨在解决好“怎么管”的问题；三是通过划清偿债责任、建立风险预警、完善应急处置等措施，旨在解决好“怎么还”的问题。

地方债应该怎么借？首先，需要明确举债主体。将举债权限从省、市、县三级统一到省一级，市县一级确有借债需求只能通过省级举债。其次，明确地方政府举债只能采取政府债券的方式，明令禁止其他举债方式，针对城市基础设施建设的PPP模式[①]得到《意见》鼓励。最后，明确地方政府新发生或有债务要严格限定在依法担保的范围内，并根据担保合同依法承担相关责任。

地方债应该怎么管？首先，全国人大或全国人大常委会及国务院对地方政府债务规模实行限额管理。其次，地方政府在国务院批准的分地区限额内举借债务，必须报本级人大或其常委会批准，地方政府不得通过企事业单位等举借债务，且所借债务只能用于公益性资本支出和适度归还存量债。最后，地方政府债务分门别类纳入全口径预算管理。

地方债务应该怎么还？首先，建立地方政府性债务风险预警机制，防患于未然。其次，强调中央政府实行不救助原则，地方对自身债务全面负责。最后，严肃财经纪律，对违法违规融资的地方政府进行惩罚。

---

① PPP是Public-Private Partnership的缩写，对于PPP模式的定义，众说纷纭，暂无定论。中国政府对于PPP模式一般表述为：政府与社会资本合作模式。

加快建立规范的地方政府举债融资机制，具有多层次、全局性的意义。从整体经济运行角度看，在经济下行、地方债务违约风险增加的背景下，规范地方政府举债融资已经迫在眉睫。只有仔细甄别、清理地方存量债务，逐步建立规范的地方政府举债融资机制，才能够有效降低地方政府债务杠杆，缓解地方政府偿债压力，促进国民经济的健康发展。从城镇化与城市化角度看，中央城镇化工作会议和中央农村工作会议明确提出的“三个1亿人”目标①离不开金融的有力支撑。在城镇化融资能力下降的背景下，只有建立规范的地方政府举债融资机制，才能够逐步建立多元化、可持续的资金保障机制，为城镇化提供长期、稳定、安全的资金支持。从财政与预算角度看，本次《意见》是“开明渠、堵暗道”之举，有助于地方债务的透明化、公开化，在根本上有助于提高我国的国家治理能力。有学者曾经指出，预算改革对美国的政治发展产生了巨大的影响，一方面，它将各级政府行为的细节第一次暴露在阳光下，有效地遏制了腐败的势头，从而改善了政府与民众的关系，增强了政府正当性。另一方面，它加强了政府内部的统一集中领导机制，提高了政府整体运作效率，有助于造就一个更加强有力的政府。因此，对于今天的中国而言，建立规范的地方政府举债融资机制不仅有利于降低眼下的地方债务违约风险，也有利于将预算民主与预算法定原则真正落到实处，在完善国家治理的同时增强政府的合法性。

（文/何鼎鼎）

---

① “三个1亿人”目标是指，到2020年，要解决约1亿进城常住的农业转移人口落户城镇，约1亿人口的城镇棚户区和城中村改造，约1亿人口在中西部地区的城镇化。

10月　文艺工作聚焦人民中心

党的群众路线教育实践活动取得阶段性进展

习近平主持召开文艺工作座谈会

全军政治工作会议在古田召开

国务院进一步打造“阳光央企”

新疆生产建设兵团成立60周年

东部陆海丝绸之路经济带纳入国家规划

党的群众路线教育实践活动取得阶段性进展

10月8日，党的群众路线教育实践活动总结大会在京召开，习近平出席会议并发表重要讲话。会议全面总结了党的群众路线教育实践活动的成效及问题，并对巩固和拓展教育实践活动成果、加强党的作风建设、全面推进从严治党等进行了部署，这标志着以为民务实清廉为主题的党的群众路线教育实践活动取得阶段性进展。

群众路线是中国共产党的根本政治路线和组织路线，是群众观点在党的工作中的应用，也是党的基本领导方法和工作方法。中国共产党人在长期斗争中形成了“一切为了群众、一切依靠群众，从群众中来、到群众中去”的群众路线。

中央在党的十八大后大规模开展党的群众路线教育实践活动，有着多层政治和现实考虑。一是保持党的战斗力和凝聚力。改革开放后，群众路线在党内政治生活中日益边缘化，党内民主制度涣散；二是纠正“四风”和防止脱离群众。近年来不少党员干部失去执政方向感与使命感，专注于个人和家庭利益，使得民众诉求难以实现，党与社会出现脱节；三是实现党的十八大战略任务。党的十八大提出实现两个百年的目标，后又启动全面深化改革，两项艰巨的政治任务亟须集中党内力量、扩大群众基础来做保障。

此次党的群众路线教育实践活动从2013年6月开始，至2014年9月结束。活动分两批进行：第一批活动在省部级领导机关和副省级城市机关及其直属单位、中管金融企业、中管企业、中管高等学校开展，共有274个中管单位和100多万个党组织、1700多万名党员参加；第二批活动在省以下各级机关及其直属单位和基层组织开展，共有330多万个基层党组织、6900多万名党员参加。活动以“照镜子、正衣冠、洗洗澡、治治病”为总要求，聚焦“四风”①、反对“四风”。从效果来看，确实解决了一些多年未解决的问题：一是查处“吃拿卡要”“慵懒散拖”问题5万多起、6万多人，减少乱收费、乱罚款、乱摊派项目3.1万多个，处理8519人；二是压缩“三公”经费530.2亿元，查处公款吃喝、参与高消费的问题3083起、4144人，清理清退公务用车11.4万多辆；三是叫停“形象工程”“政绩工程”663个，停建楼堂馆所2580个。②

虽然党的群众路线教育实践活动暂告段落，但对这一活动的理解须有双重视角。一方面，“得民心者得天下，失民心者失天下”，作为全国人民的领导核心，中国共产党是典型的无产阶级政党，党“应当是联系群众的工具，必须是群众中间先进的部分，否则执政党的合法性就会成为大问题”③。因此，开展党的群众路线教育实践活动是保持中国共产党的先进性和纯洁性、巩固党的执政基础和执政地位的必要之举。另一方面，群众路线本身是一种工作方法，其目的和意义在于巩固和加强党的执政能力，通过对群众路线的贯彻实现从上到下的沟通整合，进而改进和完善现有政治体制下的政治参与和治理。习近平在总结大会上也提出要“使从严治党的一切努力都集

---

① 形式主义、官僚主义、享乐主义和奢靡之风，统称“四风”。

② 温红彦，盛若蔚，李章军．党的群众路线教育实践活动取得实实在在成效［N］．人民日报，2014－10－08.

③ 郑永年．中国政治中的“群众路线”［N］．联合早报，2014－11－04.

中到增强党自我净化、自我完善、自我革新、自我提高能力上来，集中到提高党的领导能力和执政能力、保持和发展党的先进性和纯洁性上来”①。从这个意义上看，群众路线仅是未来中共中央党建工作的起点，“作风建设永远在路上”。

（文/郭迁迁）

习近平主持召开文艺工作座谈会

2014年10月15日，习近平在京主持召开文艺工作座谈会。会上习近平与文艺工作者代表交流，并发表重要讲话。习近平指出，文艺事业是党和人民的重要事业，文艺工作者的中心任务是创作，文艺创作的根本途径是从人民的实践和生活中汲取营养，一部好的作品，应该是把社会效益放在首位，同时也应该是社会效益和经济效益相统一的作品。② 本次文艺工作座谈会由习近平亲自提议召开并主持，筹备半年之久，如此高规格体现出中央对文艺工作的重视，引起各界广泛关注。

习近平在发言中着重指出了文艺工作要明确“为什么人”的问题，这与72年前的延安文艺座谈会和历届中央领导对于文艺工作的指示一脉相承。习近平多次提到文艺工作要重视人民。从文艺的重要性看，文艺是党和人民的重要事业和战线；从文艺的本质看，社会主义文艺本质上就是人民的文艺；从文艺创作的来源看，人民是源头活水；从文艺发展的方向看，要坚持为人民服务；从文艺创作的方法看，要扎根人民、扎根生活。对文艺工作者代表

---

① 中共中央文献研究室．习近平总书记重要讲话文章选编［M］．北京：中央文献出版社，党建读物出版社，2016.

② 习近平出席文艺工作座谈会并讲话［OL］．人民网．2014－10－16.

提到的当今文艺创作的问题，习近平倡导文艺作品要符合社会效益，间接强调文艺工作对于人民的意义。他指出优秀文艺的标准是将社会效益放在首位并兼顾经济效益的，文艺不能在市场经济中迷失方向，不能在为什么人的问题上发生偏差。文艺工作“为什么人”的问题最早是1942年毛泽东《在延安文艺座谈会上的讲话》中提出，当时的文艺方针是“为工农兵服务”，邓小平也曾提出“文艺为人民服务、为社会主义服务”，随后的几任领导人在谈到文艺问题时亦坚持文艺创作的“人民性”。

习近平在发言中强调了中华优秀传统文化的重要性，这与本届中央政府对于中华民族传统文化的重视一以贯之，体现了文化自信。习近平认为，中华民族优秀传统文化是中国文艺作品在世界文化激荡中站稳脚跟的坚实根基；文艺的繁荣发展最根本的是要创作生产出无愧于伟大民族、伟大时代的优秀作品；文艺创作的主旋律是爱国主义，引导人民树立和坚持正确的历史观、民族观、国家观、文化观，增强做中国人的骨气和底气。① 从确立“实现中华民族的伟大复兴”这一目标以来，本届中央政府在社会主义核心价值观的树立、周边外交政策的制定、中国政治制度的发展等多个方面均提出要将中国的传统与现实放在政策考量的重要位置。

本次文艺工作座谈会对于中国文艺工作的发展具有重要意义。一是激励了文艺工作者的工作热情，到场的文艺工作者纷纷发言，与习近平面对面进行了交流，大家对于当今文艺界的问题有共同的认知，对于未来文艺工作的方向有一致的想法，文艺工作者受到了鼓舞。二是指明了下一阶段文艺创作的方向，即将文艺工作聚焦于人民和现实生活，用现实主义精神和浪漫主义情怀观照现实生活，并在将社会效益放在首位的同时兼顾经济效益。同时在创作形式上肯定了网络作家、签约作家、自由撰稿人、独立

① 习近平出席文艺工作座谈会并讲话［OL］. 人民网. 2014-10-16.

制片人、独立演员、歌手、自由美术工作者等新的文艺群体的工作。三是对具体工作有一定的指导，包括各级党委要把文艺工作纳入重要议事日程，文艺单位领导班子应德才兼备且能融入文艺工作者，重视和加强文艺评论工作等方面。

（文/彭博）

全军政治工作会议在古田召开

10 月 30 日，全军政治工作会议在福建上杭县古田镇召开。习近平出席会议并发表重要讲话，强调“紧紧围绕实现中华民族伟大复兴的中国梦，为实现党在新形势下的强军目标提供坚强政治保证”是军队政治工作的时代主题。①

1929 年的古田会议确立了思想建党、政治建军的基本原则，规定了党对于军队的绝对领导，明确了军队的性质、宗旨和任务，从根本上解决了党领导和建设军队的一系列重大问题，为军队政治工作奠定了基调，是新型人民军队定型的标志，是中国共产党及其军队建设史上的重要里程碑。习近平曾先后七访古田，并大力倡导和弘扬古田会议精神，此次会议又亲自提议在古田召开，值此深化改革和军队建设的关键节点，就是要明确此次“新古田会议”的主要任务，即坚持古田会议确立的思想建党、政治建军原则，弘扬军队政治工作传统，贯彻整风精神，研究解决新的历史条件下党从思想上政治上建设军队的重大问题。

会议重温古田会议精神，强调要继承优良传统作风。会议前，习近平带

---

① 全军政治工作会议在古田召开 习近平出席会议并发表重要讲话［OL］．2014－11－01．

领中央军委全体委员参观会址，瞻仰毛泽东雕像，在纪念馆听取讲解，重温历史，以此强化坚持军队政治工作根本原则和制度的意识和责任。慰问老红军、“老五”[①] 代表和军烈属，请他们言传身教革命传统和优良作风。吃“红军饭”，回顾斗争历史，要求传承好红色基因、保持老红军本色。习近平总结了军队在长期的革命斗争中形成的“十一个坚持”[②] 的优良传统，并强调这些优良传统是军队政治工作的根本原则和内容，要深刻认识其重要地位和作用，并加以总结、继承和发扬。

习近平突出强调政治工作的重要作用，并为军队政治工作开“药方”。习近平强调革命的政治工作是革命军队的生命线，深刻阐述了这一生命线的地位作用，即政治工作是党的“看家本领”，开展革命的政治工作，就是要保证军队始终是在党的绝对领导下的革命军队，强调了政治工作的极端重要性，而且旗帜鲜明地反对了“军队非党化、非政治化”和“军队国家化”等军队观。会议指出，当前国内外形势发生深刻复杂变化，面对深化国防和军队改革这场考试，军队政治工作只能加强不能削弱。习近平深入剖析了当前军队政治工作存在的问题，并为政治工作开出“药方”。当前最紧要的是把理想信念、党性原则、战斗力标准、政治工作威信这四个根本的东西在全军牢固树立起来，重点抓好以下几个方面的工作。

一是坚持党性原则，铸牢强军之魂。习近平强调坚持党性原则是政治工作的根本要求，必须坚持党的原则第一、党的事业第一、人民利益第一。[③] 巩

① “老五”是指老地下党员、老游击队员、老交通员、老接头户、老苏区乡干部。

② “十一个坚持”是指，坚持党指挥枪的根本原则和制度，坚持全心全意为人民服务的根本宗旨，坚持实事求是的思想路线，坚持群众路线的根本作风，坚持用科学理论武装官兵，坚持围绕党和军队中心任务发挥服务保证作用，坚持公道正派选拔使用干部，坚持官兵一致、发扬民主，坚持实行自觉的严格的纪律，坚持艰苦奋斗、牺牲奉献的革命精神，坚持党员干部带头、以身作则。

③ 全军政治工作会议在古田召开 习近平出席会议并发表重要讲话［OL］. 2014-11-01.

固马克思主义在意识形态领域的指导地位，巩固全党全国人民团结奋斗的共同思想基础。作为军队政治工作的核心任务，必须铸牢党对军队绝对领导这一强军之魂，坚持党委统一的集体领导下的首长分工负责制，确保党指挥枪的原则落地生根。

二是抓好干部管理，净化军队生态。实现强军目标，必须要有一大批高素质建军治军骨干。习近平深刻剖析了军队领导干部在思想政治和作风上存在的十个方面的突出问题，要求深刻反思徐才厚案件，彻底肃清影响，并强调要抓好高中级干部管理。坚持党管干部、组织选人，整治用人风气，将对党忠诚、善谋打仗、敢于担当、成绩突出、清正廉洁的好干部选出来，用好管好。

三是抓好作风建设和反腐败斗争。党的十八大后，中央大刀阔斧整肃军风军纪，多次强调依法从严治军，一系列规定措施不断出台。徐才厚、谷俊山、杨金山等严重违法违纪案件的严肃查处，昭示了中央的反腐决心。会议强调作风建设和反腐败斗争要抓常、抓细、抓长，坚持以改革的思路和办法推进反腐败工作，以锲而不舍的决心把作风建设和反腐败斗争引向深入。

四是树立实战标准，培育战斗精神。强军的最终目的，就是能打仗、打胜仗。习近平强调要把战斗力标准作为军队建设唯一的根本标准在全军牢固立起来，把政治工作贯穿到战斗力建设各个环节。[①] 加强马克思主义战争观和军队根本职能教育，加强军事文化建设，从严从难摔打部队，增强军人使命感、荣誉感，培养官兵大无畏的英雄气概和英勇顽强的战斗作风。用中国特色社会主义理论体系武装官兵，强化理想信念，着力培养有灵魂、有本事、有血性、有品德的新一代“四有”军人。

---

① 全军政治工作会议在古田召开 习近平出席会议并发表重要讲话［OL］. 2014－11－01.

五是创新政治工作，提升“三化”水平。当前军队改革不断深化，军队发生了新的结构变化，面临打赢信息化战争的新挑战，肩负新的历史使命，军队政治工作也须有所创新和调整。会议强调要积极推进政治工作创新，提高政治工作信息化、法制化、科学化水平，形成全方位、宽领域、军民融合的政治工作格局，增强政治工作主动性和实效性。

六是加强政治工作机关和队伍建设。会议指出，要强化政治意识、阵地意识、大局意识，努力建设对党绝对忠诚、聚焦打仗有力、作风形象良好的政治机关和政治干部队伍。各级党委特别是正副书记要履行抓政治工作职责，研究矛盾、问题，加强组织领导，动员广大官兵，协力开创军队政治工作新局面。

此次“新古田会议”寻根溯源，再次强调了政治建军原则，重申了党对于军队的绝对领导权。深刻阐述了革命政治工作作为革命军队生命线的地位作用，明确了当前军队政治工作的时代主题和工作重点，显示了新一届中央领导集体治军强军的决心和意志，整肃了思想，整顿了队伍，拎起了新形势下政治建军的纲，为军队围绕时代主题开展当前政治工作指明了方向。

（文/马纪元）

国务院进一步打造“阳光央企”

10 月 8 日，李克强主持召开国务院常务会议，听取国有重点大型企业监事会对中央企业监督检查情况的汇报，并对监事会未来的监督工作提出要求。会议强调，监事会要创新监督形式，进一步提高监督的针对性、有效性，探索推进国有企业财务预算等重大信息公开，参照有关监督机构及上市公司监事会信息披露的做法，公开监事会对中央企业监督检查情况，主动回应社会关切，努力打造“阳光央企”，有效保障国有资产的安全和保值增值。会议对如何监督国有资产提出的更高要求，将推动国有资产的全面深化改革更加完善。[①]

监事会对公司的监管是现代企业监管规则的体现，加强监事会作用是搞好国企监管的关键一环。然而，长期以来，国有企业中的监督失控是造成管理层腐败、国有资产流失等问题的重要原因。一方面，国有企业所有者缺位，股东代表、董事会以及主管部门都不是企业真正的所有者，导致企业处于“一把手”内部人的掌控之下，监督流于形式；另一方面，监督权力和现有机制并不能有效落实。2010 年，中共中央办公厅、国务院办公厅印发《关于进一步推进国有企业贯彻落实“三重一大”决策制度的意见》，规定凡属“三重一大”事项[②]必须由领导班子集体做出决定。但在实践中，“三重一大”事项的决策会议主要由“一把手”主持，或“一把手”委托分管的领导主持。领导一旦定下基调，很容易引发管理决策倒置的不良效应。

为应对上述问题，国务院从创新监督形式、推进信息公开和人员组织配备三方面出发，力图提高监督的针对性、有效性。首先，在指导思想上，“有效”二字体现了政府对国有资产的监管提出了更高的要求，强调国有资产不仅要能赚钱，必须能保值增值；并且，国有资产还应更有效地为国民经济服务。其次，要求的提升对应监管方式的升级。具体来看，一是要努力推进国有企业监事会监督形式创新，形成流程式监督，即要把整个监督流程融入产业链的运行流程、价值链的提升流程以及创新链的各个环节。这就要求不同行业监事会了解各自行业的运行特点，只有这样才能保证国有资产不仅仅不流失，而且能够更好地服务于国家的需要。二是要推进国有企业预算等重大信息公开和“透明化”，参照有关监督机构及上市公司监事会信息披露的做

---

① 国务院升级国有资产监督力度 打造“阳光央企”[OL]．中国新闻网，2014-10-09.

② “三重一大”事项是指重大决策、重要人事任免、重大项目安排和大额度资金运作事项。

法，采取适当方式，公开监事会对中央企业的监督检查情况，主动回应社会关切，努力打造“阳光央企”。这不仅有利于民众充分了解国企的经营状况，同时由于重大财务预算信息的公开，能够充分预防国企业的腐败行为。三是要探索多元化的监事会人员构成。在发展混合所有制的大背景下，可以探索将非国有股东引入监事会。如果监事会都由国有股东任命，将会变成行政化监管上的又一环，而非国有股东的加入，可能会提升监事会的监督效果，实现更有效的监督。

本次会议从监事会的角度出发，突出了国企改革在整体经济改革中的重要地位。从政策重要性来看，政府加强对国有资产的监管基于两方面考虑：一是市场经济发展到今天，国有企业在整个市场运行中做出了巨大贡献；二是在整个国企改革过程中，国企反腐、国有资产流失等问题需要重点关注。因此，强化监事会监督效果的重要目的就是有效保障国有资产安全和保值增值。从政策沿革上看，党的十八届三中全会以来，从改组国有资本投资公司试水到混合所有制破冰，从大刀阔斧改革国企薪酬到严谨规范董事会职权，一项项真刀真枪的国企改革正向深水区挺进。在党的十八届四中全会过后的节点上，此次会议对监事会工作的系列部署，体现出用法治手段来监管资产的特点，是政府对国有资产监管的强化。与此同时，也透露出一个新信号，即加强和发挥国有重点大型企业监事会的监督检查职能，成为下一步推动、促进国企改革的一个切入点和突破口。

（文/柴璐）

新疆生产建设兵团成立60周年

2014年10月7日，庆祝新疆生产建设兵团成立60周年大会在新疆人民会堂隆重举行，中共中央、国务院、中央军委发去贺信，刘延东出席大会并发表讲话。讲话指出，中央高度肯定兵团在开发建设边疆、巩固西北边防、维护社会稳定、增进民族团结等方面做出的重要贡献，希望兵团在新的历史起点上，发挥好稳定器、大熔炉、示范区的战略作用，在维护祖国统一和民族团结、维护新疆社会稳定和实现长治久安中争取更大作为。

习近平总书记2014年4月考察新疆时强调，做好新疆工作，必须把兵团工作摆在重要位置，在事关根本、基础、长远的问题上发力；要求兵团真正成为安边固疆的稳定器、凝聚各族群众的大熔炉、先进生产力和先进文化的示范区。[①] 这是对兵团的职能定位和历史使命的明确指示，为兵团进一步发展壮大并发挥特殊作用指明了方向。稳定器、大熔炉和示范区的功能构建与作用发挥，是事关兵团和新疆根本、基础和长远的重要问题。

第一，推进兵团的进一步发展，需要将兵团打造成安边固疆的稳定器。兵团在未来的发展中应更加着眼于稳边固疆，利用长期以来形成的体制优势、职能优势和作风优势，成为稳定新疆的重要力量。60年来，兵团为新疆的安全、稳定和发展做出了巨大贡献。目前，新疆正处于暴力恐怖活动活跃期、反分裂斗争激烈期、干预治疗阵痛期“三期”叠加的特殊历史时期，新疆的反分裂、反恐怖斗争仍然是长期、复杂、尖锐的。这就要求兵团结合国际国内的发展形势，从新疆长治久安的大局出发，妥善安排稳疆工作，保持艰苦作战、长期作战、常态作战的思想和准备，与地方联手严厉打击“三股势力”渗透破坏活动，共同维护安定团结的政治局面和和谐稳定的社会局面，发挥安边固疆稳定器的作用。

第二，推进兵团的进一步发展，需要将兵团打造成凝聚各族群众的大熔

---

① 紧紧依靠各族干部群众共同团结奋斗，建设团结和谐繁荣富裕文明进步安居乐业的社会主义新疆［N］．人民日报，2014-05-01.

炉。兵团不但要成为安边固疆的稳定器，而且要成为凝聚新疆各族群众的大熔炉。这个职能定位是由兵团文化的特点决定的：兵团人来自五湖四海，由多民族组成，具有很强的包容性和开放性。这就使得兵团文化具有兼容并蓄的胸襟和底蕴，具有凝聚新疆各族人民的亲和力。当前，兵团面临的一个重大课题是有步骤地壮大南疆兵团力量，这是一次重要战略布局。按照中央和新疆的统一布局，兵团将在南疆加大布点建设力度，组建一批兵团新城，这必然促使维吾尔族等少数民族同胞进入兵团，有利于民族团结大熔炉的形成，有利于“一体多元”文化的繁荣，有利于南疆的稳定发展。相应地，兵团应加快形成以南疆为重点、以相互嵌入的社会结构和社区环境为努力方向的基本结构，为发挥大熔炉功能确立支点。

第三，推进兵团的进一步发展，需要将兵团打造成先进生产力的示范区。长期以来，兵团对新疆经济发展持续发挥着推动和引领作用，具有引领新疆先进生产力发展的实力和自觉。新形势下，兵团要打造先进生产力的示范区，首先应着力实现经济增长从粗放型向集约型转变，发挥兵团的体制优势，加强与社会主义市场经济体制有效衔接，大力发展生产力；其次，兵团应积极响应“丝绸之路经济带”建设，从国内国际两个大局出发，实现国内国际两种资源、两个市场和两种环境的有效衔接，加快提升兵团经济发展的创新力、创造力和总体实力。

第四，推进兵团的进一步发展，需要将兵团打造成先进文化的示范区。进一步加强兵团文化建设，应当从先进性、普遍性与开放性着手。首先，应适应新形势新任务的要求，不断赋予兵团文化新的时代内涵，增添更为先进的文化因子，同时摒弃落后于时代要求的文化成分。随着老一代兵团人陆续离开工作岗位，更需要通过引进高素质人才和提高现有人员素质来增强兵团文化的先进性；其次，兵团文化应反映新疆文化建设的普遍需求，考虑新疆各族人民共同的审美情趣，将个性与共性、特殊性与普遍性、局部与整体有机结合起来；最后，兵团文化建设不仅要努力满足兵团干部职工日益增长的精神文化需求，提高兵团干部职工的文化素质，增强兵团维稳戍边的软实力，而且要着力加强兵团文化在新疆的传播，扩大兵团文化的外部影响力。

60年的发展实践充分证明，在新疆组建和发展生产建设兵团，是党中央治国安邦的战略布局；是强化国家边疆治理的重要方略；是对中国在新疆屯垦戍边2000多年历史的创新发展；是维护新疆稳定、促进民族团结、捍卫国家统一、开发建设边疆的有力举措；是中央支援地方、内地支援边疆、兄弟民族相互支援、共同推动新疆经济社会发展的有效形式。具有光荣传统的兵团，一定能够继承发扬优良传统，牢记使命，敢于担当，不断开创屯垦戍边事业新局面，为建设团结和谐、繁荣富裕、文明进步、安居乐业的社会主义新疆，为实现全面建成小康社会的宏伟目标和中华民族伟大复兴的中国梦不断做出新的更大贡献。

（文/杨煜超）

东部陆海丝绸之路经济带纳入国家规划

10月8日，黑龙江省委书记王宪魁在“龙江行”中俄主流媒体大型联合采访活动媒体见面会上表示，黑龙江正在谋划构建东部陆海丝绸之路经济带（以下简称“东丝路带”），目前已经纳入国家规划，使其成为横贯东中西、联结南北方对外经济走廊的重要组成部分，推动黑龙江对俄经贸合作不断升级。东部陆海丝绸之路经济带的建立，是国家丝绸之路经济带的重要组成部分，是对国家“一带一路”构想的丰富和完善，显示出该规划的扩围。

自2013年习近平总书记提出“一带一路”构想以来，全国多个省市表达了参加此规划的强烈愿望，迫切希望抓住机遇，充分利用本地优势，提升开放水平，缩短地区差异。黑龙江是全国对俄经贸合作第一大省，其经济增长却一直徘徊在全国末尾，而正积极谋划构建的“东丝路带”，或将成为经济结构调整和转型升级新的契机。

规划建设“东丝路带”，将充分发挥地处东北亚腹地和联结亚欧通道优势，扩大开放、产业集聚、经贸繁荣。黑龙江具有良好的基础条件和明显的竞争优势，从历史上来看，黑龙江与俄罗斯有着友好往来的渊源，无论是中俄两国人民共同抵御法西斯的侵略还是苏联援建新中国的社会主义建设，都体现了中俄两国深厚的友谊；从经济交流来看，黑龙江省与俄罗斯边境线长，边境口岸开通多，与俄罗斯有着深厚的经贸合作基础。并且中方建立了与俄相关地区领导人定期会晤机制和政府部门间工作交流机制，形成了全方位、宽领域、多层次的对俄开放格局，双方经贸合作潜力巨大、前景广阔；从现实条件来看，有着完善的基础设施支撑。黑龙江省境内绥满线联结西伯利亚大铁路，高速公路四通八达，跨境江海联运、陆海联运通道基本建成，多个机场辐射国内外，形成了跨境综合交通运输网络。此外，其他通道体系也正在加快建设完善中；从前景来看，构建东部陆海丝绸之路经济带，主要是打造以“绥芬河—满洲里—俄罗斯—欧洲”铁路和“绥芬河—俄远东港口”陆海联运为主的战略通道，对接俄欧亚铁路、发挥其最大运能，不仅运黑龙江和东北其他地区的货，还将目标瞄准了我国长三角、珠三角、京津冀地区往俄罗斯方向的货流，甚至辐射到全国东部大部分地区，市场前景非常广阔。

“东部陆海丝绸经济地带”建设使黑龙江找到了自己的定位。它将在以下方面与俄罗斯加强合作：一是在基础设施互联互通上深化合作。只有打开大通道才能开展大合作，通过双方共同努力，加快同江铁路大桥建设，扎实做好黑河黑龙江公路大桥前期工作，加快推进黑瞎子岛设立陆路口岸和跨境经济合作区，不断完善双方口岸基础设施建设。二是在互办经济实体上深化合作。立足市场需求，注重利益共享，推动大企业、大项目合作，鼓励双方互办合资合作企业，加强跨境产业园区建设，境内外两头发展实体经济。三是在延伸产业链条上深化合作。坚持出口抓加工、进口抓落地，加快生成一批资源综合利用和精深加工产业项目，打造跨境产业链条。四是在发展绿色食品产业上深化合作。适应双方市场需求不断扩大趋势，充分发挥生态优势和农产品互补优势，大力发展果蔬、肉类、水产品贸易，加强双方在农业、畜牧业等领域合作。五是在扩大人文和媒体交流上深化合作。深化旅游、科技、教育、文化、艺术等领域合作，完善中俄边境地区媒体定期交流机制，巩固扩大中俄友好社会基础。

在“一带一路”构想下的“东丝路带”，无疑使黑龙江省搭上了快速前进的列车。作为中国经济发展水平和开放程度都较为落后的东北老工业基地，黑龙江将通过铁路大通道，打通外接俄罗斯、内联国内腹地、面向东北亚、通达欧美的国际贸易大通道，拉近黑龙江与国际市场特别是俄日韩欧市场的距离，大规模吸引内地面向欧洲出口的产业和资金向黑龙江转移，推动黑龙江省工业、农业、商贸、文化、旅游等产业加快发展，形成大通道—大平台—大贸易—大产业—大发展的良性发展格局，从而彻底改变黑龙江地处国内交通网络末端的劣势，变区位劣势为发展优势，成为开放型经济前沿和我国经济新的增长极，实现老工业基地的振兴。

（文/孟宪亮）

11月 “亚太梦”彰显新布局

“亚太梦”彰显中国全球战略布局

中央军委出台从严治军新举措

中央印发农村土地流转文件

国务院削减前置审批推进简政放权

工信部确认2016年取消盐业专营

沪港通开辟资金融通新渠道

“亚太梦”彰显中国全球战略布局

11 月 9 日，习近平出席亚太经合组织工商领导人峰会开幕式，向与会的 21 个经济体、其他 17 个国家和地区的 1500 余名工商界人士发出“共筑亚太梦”的倡议。“亚太梦”是一个将地区繁荣、世界发展和人民幸福有机结合起来的战略构想。这一构想并不局限于亚太经济发展，而是一个立足亚太、进而面向全球的战略目标。

当前，亚太地区已成为世界经济发展的重要引擎，亚太大市场已初步成形，区域内各国经济联系日益密切，亚太一体化需求日益迫切。但亚太发展也面临诸多重大挑战，如经济复苏脆弱、新旧转换困难、一体化方向和重点不一致、自贸区碎片化等。

亚太地区的进一步发展需要大格局，而大格局需要大智慧。面对亚太发展的新机遇与新挑战，中国率先提出并阐述了“亚太梦”这一理念。这一理念从宏观、中观和微观方面提出了亚太地区的发展方向，即共同繁荣、引领大势、互联互通、人民幸福。为实现“亚太梦”，各国需要做出四方面的努力，包括共同建设互信、包容、合作、共赢的亚太伙伴关系，携手打造开放型亚太经济格局，不断发掘经济增长新动力，精心勾画全方位互联互通蓝图。[①]

---

① 习近平在 APEC 工商领导人峰会发表主旨演讲［OL］. 人民网，2014－11－09.

“亚太梦”是继“中国梦”“亚洲梦”后，习近平提出的第三个国家层面的战略构想。三个前后相继的“梦想”，是一个合乎逻辑的发展过程，贯穿其中的是习近平对于中国如何复兴，复兴成为什么样的国家，复兴后与亚太以至于世界关系的思考，事关中国的整体战略与布局。“中国梦”的提出，宣告了中国共产党及中国人民的历史使命及前进方向。2012 年，习近平率新一届中央领导集体参观国家博物馆“复兴之路”展览时，第一次阐述了“中国梦”的概念。他说：“大家都在讨论中国梦。我以为，实现中华民族伟大复兴，就是中华民族近代以来最伟大的梦想。”① 此后，在十二届全国人大一次会议闭幕会上，新当选的国家主席习近平表示，实现中国梦必须走中国道路，必须弘扬中国精神，必须凝聚中国力量。②“中国梦”是中华民族近代以来的强国梦、复兴梦，其内涵就是国家富强、民族振兴、人民幸福，就是坚持自己的道路，保持中国的特性。中国梦不仅是中国共产党的梦想，也是全体中国人民的梦想。

“亚洲梦”的提出，表明中国积极参与亚太事务，承担地区大国相应责任的决心。中国的发展既依托亚洲，又将造福亚洲。2014 年，在亚信第四次峰会上，习近平由“中国梦”展开，提出实现以持久和平、共同发展为核心的“亚洲梦”。③ 随后，习近平在和平共处五项原则发表 60 周年纪念大会上，详细阐释了实现“亚洲梦”的路径。即把本国利益同各国共同利益结合起来，努力扩大各方共同利益的汇合点；积极树立双赢、多赢、共赢的新理念，摒弃你输我赢、赢者通吃的旧思维，“各美其美，美人之美，美美与共，天下大同”。“中国梦”同亚洲人民的美好梦想息息相通，中国人民愿意同亚

① 习近平总书记深情阐述“中国梦”［OL］. 新华网，2012－11－30.

② 习近平在十二届全国人大一次会议闭幕会讲话侧记［OL］. 新华网，2013－03－17.

③ 亚信第四次峰会在上海举行 习近平主持并发表讲话［OL］. 新华网，2014－05－21.

洲人民在实现各自梦想的过程中相互支持、相互帮助，实现共建、共享、共赢。[①]“亚洲梦”的提出，展示了崛起中的中国负责任的大国形象。

“亚太梦”的提出，则展示了中国立足亚太，着眼全球发展，关切全球福祉的战略胸怀。从“一带一路”构想的提出并迈入务实合作环境，到“中国欢迎周边国家搭快车、搭便车”概念所传递的信号，再到“亚太梦”，中国正以崭新的姿态引领亚洲地区发展，并且借助亚太平台参与全球治理。经过30多年的快速增长，中国的经济体量已经今非昔比。目前，中国也已成为世界第二大经济体，GDP由2001年的1.3万亿美元攀升到2013年的9万亿美元。2013年一年中国经济的增量就相当于1994年全年的经济总量，位列世界第17位。有乐观预测，到2020年中国“走出去”的直接资本将达到1.2万亿美元，累计带来的进口有1.7万亿美元，给世界其他地方带来的就业岗位将有700万个，对世界经济增长的贡献会达到27%。经济的发展不仅促进了中国国际地位的提高，更带来了话语权的增强。相比于过去，中国对于全球和地区事务的参与从被动转为主动；对全球贸易投资规则的构建从无奈的接受者变为积极的参与者；对于全球经济治理机制的改革从坚定的支持者变为积极的变革者；对于全球公共产品的提供从边缘者走向核心领导者。“一带一路”、丝路基金和亚洲基础设施投资银行等构想和举措，非常清楚地表明了中国有能力、有意愿向亚太和全球提供更多公共产品，特别是为促进区域合作深入发展提出新倡议新设想。中国明确表示愿意让各国“搭便车”，一方面能够消除其他国家对中国发展的顾虑，另一方面也体现了中国和亚太伙伴同舟共济、共享发展成果的责任和担当。

从“中国梦”到“亚太梦”，其核心都是经济发展、社会进步、人民幸福。这一点在亚太地区乃至全世界都有共通之处，也容易引起各国民众的共

---

① 习近平在和平共处五项原则发表60周年纪念大会上的讲话［OL］. 新华网，2014-06-28.

鸣。此外，“亚太梦”虽然立意高远，但也脚踏实地。例如提出的亚太互联互通和基础设施建设就具有现实的急迫性和可操作性。在目前全球经济面临重大挑战的情况下，增加基础设施的投资，解决发展中国家发展中遇到的基础设施建设瓶颈问题，对于促进亚太区域和全球经济发展都具有积极意义。早在1967年，日本和亚洲“四小龙”的经济处于高速增长之际，新加坡总理李光耀就提出了一个具有深远意义的预见，即“世界重心将转移到太平洋地区”。时间过去50年了，他的预见正在逐步成为现实。国际舆论普遍认为，21世纪将是亚太世纪，21世纪又将是中国实现伟大复兴的世纪。在崛起的过程中，中国必须思考自己需要怎样的亚太，亚太需要怎样的中国；自己需要怎样的世界，世界需要怎样的中国。

“亚太梦”的提出，是中国结合历史与现实、自身与国际，对上述重大问题的判断与思考，也是中国世界战略布局的最新表述。中国的世界战略，伴随着包容性发展、建立新型大国关系、“亲、诚、惠、容”等理念的深入以及区域、全球互惠合作的日益深化，必将深刻影响国际政治经济格局。

（文/杨煜超）

中央军委出台从严治军新举措

中央军委主席习近平2014年11月签署命令，解放军审计署由总后勤部划归中央军委建制，在中央军委领导下，主管全军审计工作，对中央军委负责并报告工作，其党的建设、政治工作和行政管理由中央军委办公厅领导。此次解放军审计署建制调整是深化国防和军队改革，推进军队审计制度创新的重要举措，对加强军内反腐和作风建设意义重大。

解放军审计署原称解放军审计局，成立于1985年，1992年改称解放军审计署。2007年3月1日生效的《中国人民解放军审计条例》规定，解放军审计署在中央军委领导下主管全军审计工作，对中央军委负责并报告工作，日常工作由总后勤部领导。总后勤部作为负责军队后勤专业勤务和后勤保障工作的最高领导机关，处于军费进出的咽喉要位。将审计署设置在总后勤部，旨在从根源上监管全军军费。但这一制度设计在实践中产生了三个问题：一是依规定解放军审计署向中央军委负责并报告工作，但实则归口总后勤部，行政、人事、经费等均隶属总后勤部掌控，名为监督机构，实为总后勤部的组成部分，不具备独立性，难以发挥监督作用。本作为最重要监督对象的总后勤部反而成为军内审计的最薄弱环节。二是军队各部门、各军区、各层级均有内部审计部门，解放军审计署日常工作由总后勤部领导使其很难对总参谋部、总政治部、总装备部进行直接审计监督，实践中已衍变为业务指导关系，遑论实现全军审计。三是因制度设计不完善，审计工作在军中地位边缘，且受到各方掣肘，长此以往难以保证军费合理使用，亦容易滋生腐败。2012年总后勤部副部长谷俊山贪腐案发，充分暴露了原有军队审计工作机制体制的巨大漏洞。

谷俊山贪腐案后不久，中央军委宣布成立全军审计工作领导小组，加强军内重点领域审计监督。但此举并未改变原有制度构建，只是短期治标。本次解放军审计署建制调整则从根本上重塑了军队审计制度。

第一，强化垂直管理，实现审计独立。此次解放军审计署虽划归中央军委建制，但并未提升级别，旨在通过强化垂直管理，有效预防相关部门对审计工作的干预，在避开编制、级别等改革阻力的同时，强化解放军审计署的权威性和独立性，真正使其直接对中央军委负责，向中央军委汇报，实现对全军财务的审计。

第二，围绕强军目标，加强军费监管。徐才厚、谷俊山案反映出军队腐败的严重性，同样不容忽视的是因奢侈浪费之风和军费开支制度不完善而导致的军费浪费。此次建制调整意味着中央军委从顶层把住军内资源分配权、财务审理权，包括总后勤部在内的四大部门将受到更具权威性、独立性的审计监督。此举将提升军费的高效利用，避免制度性浪费和人为浪费，对提升全军战斗力，实现强军目标具有重要作用。

第三，加强审计先导，配合纪委反腐。审计工作紧盯经费资产，最有条件及时发现问题，是反腐败的重要方式之一。审计先导与纪检机构相互配合也是重要的反腐败形式，大量案件线索即从审计而来。此次解放军审计署划归中央军委建制，旨在加强全军审计力度和水平，发挥审计监督覆盖所有保障资源和机构的优势，独立客观，及时有效地揭露违法犯罪线索，配合军队纪委的反腐工作，发挥其在反腐败工作中的独特职能优势。

解放军审计署划归中央军委建制，推动了军队审计制度创新，增强了审计监督的独立性、权威性和实效性。对于实现新形势下的强军目标，贯彻从严治军方针，预防和惩治腐败具有十分重要的意义。

（文/马纪元）

中央印发农村土地流转文件

11 月20 日，中央印发《关于引导农村土地经营权有序流转发展农业适度规模经营的意见》（以下简称《意见》），对做好农地流转工作提出四方面要求：稳定完善农村土地承包关系；规范引导农村土地经营权有序流转；加快培育新型农业经营主体；建立健全农业社会化服务体系。

现阶段深化农地制度改革，应当与城镇化进程和发展现代农业的大背景相联系。一方面，城镇化进程加快，农村劳动力外流，农业劳动力短缺，土地撂荒面积扩大，因此现实中的土地流转已呈现出加快趋势。截至 2014 年 6

月底，全国农村承包耕地流转面积达 3.8 亿亩，占总面积的 28.8%。发达地区的土地流转比例更高，如苏州市 90% 以上的承包耕地实现流转。另一方面，土地流转和适度规模经营是发展现代农业的必由之路。现阶段的农地制度改革要更多考虑推进农业现代化问题，既要解决好农业问题，也要解决好农民问题。现代农业是产业化规模化集约化经营，要求提高土地利用率，大面积推广农业科技，增强抵御市场风险的能力，因此当前分散经营的土地现状成为突出难题。同时，在未来 30 年内，中国 9 亿农民仍需依托农业完成劳动力再生产，普通农户仍占大多数，因此农地流转要防止片面追求规模进而挤兑小农的现象。

新一轮农地制度改革的核心是放活经营权，促进经营权流转。《意见》指出，实现土地所有权、承包权、经营权三权分置，坚持集体所有权、稳定农户承包权、放活土地经营权，引导土地经营权有序流转。1978 年的家庭联产承包责任制改革实现了土地所有权和使用权的分离，提高了劳动积极性和生产效率，但未能解决“人均一亩三分地”的土地细碎化问题。新一轮改革要求土地经营权从承包权二次分离，引导农地流转与规模经营。承包权是农村集体经济组织成员的一种法律资格，是法律赋予农户的一项长期稳定的权利；而经营权是承包权的权利内容之一，可以根据协议进行流转，具有可变性。同时，《意见》指明了经营权流转的形式和范围。除了规范转包、出租、互换、转让及入股方式外，还应推进抵押、担保试点，探索建立抵押资产处置机制。以转让方式流转的，原则上应在本集体经济组织成员之间进行，且需经发包方同意。

促进经营权流转的前提和基础是三权分置，尤其是“稳定农户承包权”。通过稳定承包权，农民对于农地的长期性权利再次得到确认，缓解了农民流转农地的后顾之忧和潜在风险。具体措施有二：其一，健全承包经营权登记制度。原则上确权到户到地，在尊重农民意愿的前提下，也可以确权确股不确地。其二，用5年时间基本完成确权登记颁证工作。推行确权是有一定难度的。首先，大部分农户已经拥有土地权证了，对承包经营权确权认识不足；其次，确权需要大量经费，虽然中央财政给予补贴，但对于地方政府仍是较大负担；最后，确权之后，征地等行为将受到规范制约，因此地方政府可能缺少确权积极性。

促进农地流转是大势所趋，但结合现阶段国情农情，必须加以控制。在我国，农地不仅具有生产功能，也具有社会保障功能。在农村人口数量庞大而农村社会保障体系尚不健全的情况下，土地的社会保障功能更显重要。强行推动土地流转可能会侵害农民权益，造成农民失地，影响社会稳定。《意见》从三方面对农地流转进行规范。第一，明确流转主体。土地流转以农民为主体，充分尊重农民意愿，让农民成为积极的参与者和受益者。没有农户的书面委托，基层组织无权流转农户的承包地，更不能以少数服从多数的名义将整村整组农户承包地集中对外招商经营。第二，控制流转规模。《意见》首次明确适度规模经营的“度”，对土地经营规模相当于当地户均承包地面积的10～15倍、务农收入相当于当地二、三产业务工收入的，给予重点扶持。第三，加强流转用途管制。坚持耕地保护制度，保护基本农田，严禁借流转之名搞非农建设。

土地流转后，谁来种地、如何种地仍是一个问题。《意见》指出，要以家庭承包经营为基础，推进家庭经营、集体经营、合作经营、企业经营等多种经营方式共同发展。第一，继续发挥家庭经营的基础性作用。提倡规模经营不是否定家庭经营，而是通过改善家庭经营的资源配置及其外部环境，实现生产环节的专业化社会化。第二，培育和扶持新型经营主体，包括探索新的集体经营方式、发展农户间的合作经营、发展适合企业化经营的现代种养业。第三，加强对工商企业租赁承包地的监管和风险防范。工商资本具有非粮化、非农化倾向，可能对农民生计、粮食安全和社会稳定构成挑战，因此应当建立严格的准入和监管制度。

当前，农地改革的方向和路线基本明晰：三权分置，确权登记，有序流转，适度规模，家庭基础，农民自愿，农地农用，鼓励种粮。在近1/3耕地进入流转的形势下，《意见》强化了对土地用途、流转范围、适度规模经营与工商资本下乡风险的管控。由此可见，中央在坚持正确方向的前提下，对土地改革的总体部署是稳妥审慎的。土地问题涉及亿万农民切身利益，事关全局，对于土地改革来说，方向的正确将胜过道路的艰辛。

（文/吴秋兰）

国务院削减前置审批推进简政放权

11月5日，国务院常务会议决定削减前置审批，推行投资项目网上核准，加强事中事后监管，进一步释放投资潜力和发展活力。会议提出，下一步要从改革创新制度入手，以精简前置审批，规范中介服务，实行更加便捷、透明的投资项目核准为重点，把简政放权、放管结合向纵深推进。

党的十八大和十八届三中全会都提出，经济体制改革的核心问题是处理好政府和市场的关系。新一届政府上任以来，一直把简政放权当作政府自我革命的“先手棋”和宏观调控的“当头炮”。一年多来，国务院取消下放7批共632项行政审批等事项；修订政府核准的投资项目目录，需报国务院部门核准的企业投资项目减少60%左右；减少行政事业性收费，每年减轻企业和个人负担约100亿元。这些举措激发了市场、地方和社会的创造活力，经济社会发展的内生动力明显增强。

但在简政放权深入推进的过程中，仍存在诸多瓶颈。首先，一些部门和个人囿于审批环节的寻租利益，往往会选择延迟执行和落实削减政策，搞

“表面一套，背地一套”；其次，部分管理和工作人员能力退化，患上“审批依赖症”，难免会出现“一放就乱、一管就死”的现象。同时，纸面的改革举措到现实的改革红利有一定距离，现实中还可能会出现机制与部门衔接不畅、多头管理、推诿扯皮等问题。

对于上述隐忧，本次国务院常务会议统一做出针对性安排。一是实行五个“一律”，更大程度方便企业投资。五个“一律”是指：对属于企业经营自主权的事项，一律不再作为前置条件；对法律法规没有明确规定为前置条件的，一律不再进行前置审批；对法律法规有明确规定的前置条件，除确有必要保留的外，通过修法一律取消；核准机关能通过征求部门意见解决的，一律不再进行前置审批；除特殊需要并有法律法规依据的外，一律不得设定强制性中介服务和指定中介机构。五个“一律”有助于厘清政府市场边界，压缩寻租空间，推动相关政策落地。二是允许企业自主选择中介服务，充分尊重企业自主经营权。行政机关委托开展的中介服务，要通过竞争方式选择，并由行政机关支付费用。三是推行前置审批与项目核准“并联”办理。同一部门实施的多个审批，实行一次受理、一并办理。这种“一条龙服务”、“流水线办理”有助于促进部门间的协作，提高审批效率，增进政府服务水平。四是强化事中事后监管。建设信息共享、覆盖全国的投资项目在线审批监管平台，实现网上办理、审批和监管，使政府从前置审批中腾出精力，开展更为有效的全程联动式管理，化解放活与监管间的两难问题。

开弓没有回头箭，改革永远进行时。在全国深化行政体制改革的大背景下，此次国务院常务会议再次提出多项政府“瘦身”举措，并着力构建放管结合的制度化体系，显然是对于简政放权的进一步部署。特别是在经济下行压力较大与反腐败斗争深入推进的叠加时期，推进简政放权，管好用好政府这只“有形之手”，放活市场这只“无形之手”，完善社会这只“自治之手”，必将在更大程度上铲除腐败土壤，释放改革红利，促进国民经济持续健康发展。

（文/段相宇）

工信部确认2016年取消盐业专营

11月20日，工业与信息化部确认有关部门正制定盐业体制改革方案。改革的总体目标是政企分开，取消盐业的专营制度，按照市场经济的要求建立自主公平的竞争机制。这是盐业专营改革在被提及多年之后首次得到政府主管部门的公开确认。

我国盐业体制改革早已启动，但进展曲折。2000年，国务院开展盐改调研并于2002年形成草案，后因国家经贸委盐业管理办公室被撤销而中断；2005年，国家发改委重启盐业改革并于2007年形成草案，后因盐业主管部门由发改委变为工信部，盐改工作再度中断；2009年，国家发改委和工信部组建盐业体制改革工作小组，再次提出盐业体制改革方案，又因盐业内部阻力而停滞。2013年，国务院常务会议通过包含盐业体制改革在内的全国经济体制改革方案。2014年4月12日，国家发改委废止《食盐专营许可证管理办法》，将食盐定点生产企业审批权下放地方，为盐业市场化改革铺平道路。10月29日，中国盐业协会宣布第七套盐业体制改革方案已经国家发改委审批通过并完成意见征求。

此次盐改方案分六部分，共20项内容。主要包括：从2016年起废止盐业专营有关规定，允许现有食盐生产定点经营企业退出市场，允许食盐流通企业跨区经营、放开所有盐产品价格、放开食盐批发和流通经营。按照已过会的草案规定，盐业在2015年继续专营，2016年取消特许经营，同时企业申请新许可证。到2017年，获得新许可证的企业开始新的经营活动，全面按照新方案施行。

食盐专营制度在中国已有2600多年的历史，盐税也一直是传统中国国家财政收入的重要来源。新中国食盐专营制度则建立于20年前。1994年，为普及碘盐，实现“2000年消除碘缺乏病”的目标，国务院发文同意对食盐实行专营。1996年，国务院颁布《食盐专营办法》，对食盐产销实行国家指令性计划管理，对食盐价格实行政府定价。食盐专营制度由此正式确立。

在特定历史阶段，食盐专营制度为消除碘缺乏病发挥了积极作用，但随着经济社会的发展，盐业专营的弊端与不足也日益凸显。首先，食盐专营制度并不能很好地实现普及碘盐、消除碘缺乏病这一目标。一方面，国有盐业公司不愿在偏远地区建立销售网点，使得部分偏远落后地区仍难普及碘盐；另一方面，由于各地缺碘程度不同，卫生部根据不同地区的碘营养状况确定了不同浓度的加碘量，但盐业公司为经营便利，在全国采用同一加碘标准，阻碍科学补碘。据统计，截至2011年，全国尚有13个省份的42个县居民户的碘盐覆盖率、20个省份的83个县居民户的合格碘盐食用率未达消除碘缺乏病的指标要求。其次，食盐专营对食盐行业的健康发展也有负面影响。中国盐业公司及旗下各级盐业公司既是经营者，又参与行政管理，与各级盐务局是“一套班子、两块牌子”的关系。由于政企合一、缺乏竞争，食盐在流通中被各级盐业公司层层加价，盐业公司的销售价格普遍是食盐出厂价格的4~8倍。盐业公司利用专营赚取高额垄断利润，食盐生产企业却获利甚微。专营割裂了产销链条，生产企业不能直接进入市场自主经营，只能按照盐业管理部门提供的计划生产和调拨。部分生产企业对提高产品质量缺乏积极性，将主要精力放在跑计划、拉关系上，导致腐败问题的出现。

党的十八届三中全会决定积极稳妥推进市场化改革，大幅度减少政府对资源的直接配置，推动资源配置依据市场规则、市场价格、市场竞争实现效益最大化和效率最优化。本轮盐业体制的市场化改革正是上述决定的具体体现。正如《我国盐业体制改革研究》报告所指出，食盐专营体制并没有解决边远地区碘盐覆盖问题，市场充分竞争反而会提高碘盐普及率。因此，盐业市场化改革不仅能健全我国社会主义市场经济、实现资源合理配置、促进盐业健康发展，也能优化食盐专营制度未能完善的治理环节。

（文/陈铭）

沪港通开辟资金融通新渠道

11 月 17 日，沪港通正式启动，上海证券交易所（以下简称“上交所”）与香港证券交易所（以下简称“港交所”）同时敲锣，宣告两地证券交易市场成功联通。沪港通打造了资金融通的新渠道，一方面为香港长期繁荣稳定提供保障，另一方面为内地资本市场有序开放创造条件。

沪港通是一种跨境证券投资制度，由沪股通和港股通组成。沪股通是指国际投资者可通过港交所和券商直接买卖上交所中的 A 股股票，而港股通是指内地投资者可通过上交所和券商直接买卖港交所中的 H 股股票。因此沪港通不仅实现了两地股市资金的交流互通，同时为国际资本进入 A 股市场提供了新渠道。

沪港通源于 2007 年的“港股直通车”制度，该制度旨在为国内投资者参与 H 股投资打通渠道。但由于政策环境、风险管理的问题，“港股直通车”当年未启动即被叫停。与此同时，旨在推动国内资金到境外投资的“QDII 计划”试点运行，但由于门槛过高而将小投资者拒之门外。直到 2014 年 11 月 17 日，更为完善的双向资金互通机制——沪港通——终于启动。从 4 月到 11

月，沪港通在其筹备的半年时间里，受到舆论的高度评价和热切期待。这不仅是由于沪港通为股市带来的利好预期，更是因为其双向的资金互通机制实现了对“港股直通车”和“QDII 计划”的超越。

但沪港通运行以来却受到投资者冷落。截至 11 月 26 日，沪港通中的沪股通累计使用交易额度 355.38 亿元，仅占规划总额度的 11.85%；港股通累计使用交易额度 33.46 亿元，仅占规划总额度的 1.3%。

分析沪港通遇冷的原因，第一，两地股票市场交易制度存在巨大差异，投资者交易习惯不同，投资理念迥异，因此必然经历一个学习适应过程。比如投资者在 A 股市场当天买入的股票不允许当天卖出，而遵循国际惯例的 H 股市场则不存在该约束，形成巨大反差。欧洲一些成规模的基金公司甚至认为沪港通破坏了托管的产权链条，宣称目前不会参与其中。第二，沪港通除在整体上面对上述挑战外，两分下的沪股通和港股通各自面临不同困境。港股通为平衡风险与收益，针对内地投资者设置 50 万元门槛，客观上阻碍了中小投资者进入资金通道。同时，香港恒生指数的下行趋势使得境内投资者更加审慎小心。而沪股通则面临更复杂的宏观经济形势，伴随内地经济放缓的新常态，国际投资者对是否进入 A 股市场持观望态度。

但随着投资者的适应、交易制度的完善以及宏观经济的好转，沪港通或将迎来新的发展契机。典型的例子是 12 月 9 日，国内首只沪港通基金“南方恒指 ETF”获批，起始认购点仅为 1000 元，受到多方好评，这意味着 50 万元以下的内地中小投资者也能够参与其中。

沪港通作为一个跨境证券投资机制，表现了决策层的开阔视野，沪港通是远期发展战略的一个步骤，其积极影响在长期而不在短期。

一方面，沪港通是保证香港长期繁荣稳定的重要举措。第一，带动香港金融行业就业。由于香港成熟的金融、法治环境，沪港通将进一步吸引对 A 股市场感兴趣的外资投资者在香港开设基地，从而增加行业内人才需求；第二，有利于将香港打造为最成熟的离岸人民币业务中心，增强香港开展境外人民币存贷款业务的竞争力；第三，吸引更多国际资本汇聚香港，形成容量更大的资金池，从而巩固香港在亚洲乃至世界金融中心的地位。

另一方面，沪港通为内地的发展带来新契机。第一，倒逼国内资本市场进一步制度化、法制化，完善金融监管，促进多层次资本市场建设。同时鼓励国内投资者转变投资观念，一改往常买跌、买差、追求短线利益的投资模式，培育成熟的投资理念；第二，打通金融与实体经济之间的联系，为国内企业提供优质国际资本的同时，便于引进成熟的公司治理模式和成功经验，促进我国实体经济发展；第三，促进人民币国际化。沪港通的结算货币为人民币，因此推动了人民币由贸易货币向投资货币的转变，为下一步发展为储蓄货币夯实基础；第四，在风险可控的前提下，促进我国资本市场对外开放。沪港通不是一个简单的引资渠道，而是内地资本市场与香港、世界资本市场实现对接的第一步。这种对接并不只是资本层面的，而是金融系统乃至整个实体经济的互联互通，对我国扩大开放，参与国际竞争，提升综合国力具有重要而现实的意义。

（文/彭飞）

12月　中国经济步入新常态

中央经济工作会议定位经济新常态

深改组推行建立职务职级并行制度

中央农村工作会议部署推进农业现代化

中央纪委加快落实全面派驻制度

退休养老金双轨制走向终结

国资委部署2015年国企改革路线图

中国推动大湄公河次区域经济合作

中央经济工作会议定位经济新常态

中央经济工作会议12月9日至11日在京举行。中央政治局全体常委出席会议，习近平、李克强作重要讲话。作为级别最高的经济工作会议，中央经济工作会议是判断当年经济形势和定调来年宏观经济政策最权威的风向标。“全面深化改革元年”的中国经济已进入新常态，在高速增长向中高速换挡、经济下行压力加大的背景下，本次会议尤为引人瞩目。

1. 总结工作剖析形势，强调保持合理区间

会议总结了2014年经济工作，并剖析了当前国内外经济形势。指出中央坚持稳中求进总基调，经济运行处在合理区间，结构调整出现积极变化。当前我国经济下行压力较大，结构调整阵痛显现，企业经营困难增多，部分经济风险显现。世界经济仍处在后金融危机深度调整期，2015年增速可能略有回升，但总体复苏疲弱。

2013年以来，习近平、李克强均在多种重要场合以处在“合理区间”定位我国经济基本面。此次会议再次强调，既是对我国经济整体稳定向好的形势研判，亦是表明只要中国经济守住稳增长、保就业的下限和防通胀的上限，继续实施积极的财政政策和稳健的货币政策，并适时预调微调，保持经济处

于合理区间，就无须采取刺激措施，而着重将精力放在促改革、调结构、推转型上。

2. “九大变化”定位新常态，“八大注重”应对新常态

2014年5月习近平在河南考察时首次提出“新常态”，并在11月APEC会议上首次系统阐述了“新常态”的三个含义，即经济增速从高速增长转为中高速增长，经济结构不断优化升级，发展动力从要素驱动、投资驱动转向创新驱动。[①] 因此准确把握中国经济新常态是做好2015年各项经济工作的基础和前提。会议认为，当前我国在消费需求、投资需求、出口和国际收支、生产能力和产业组织方式、生产要素相对优势、市场竞争特点、资源环境约束、经济风险积累和化解、资源配置模式和宏观调控方式等方面都发生了趋势性变化，呈现出中高速增长、发展方式转变、结构深度调整、发展动力转向四大基本特征，表明我国经济正在向形态更高级、分工更复杂、结构更合理的阶段演化。

经济发展从传统模式步入新常态是一个系统性过程，九种趋势间呈现互补性与联动性，相互作用并从整体上使得我国经济进入新常态。消费需求向个性、多样化转变以及全球总需求不振，大规模数量扩张的需求基础不复存在。随着人口老龄化、农村富余劳动力的减少及环境承载力已达到或接近上限，数量扩张的生产要素基础也面临枯竭。综合来看，简单数量扩张只会加剧产能过剩，需要适应个性化需求、寻找新的增长点，因此新兴产业、服务业、小微企业作用更加凸显，生产小型化、智能化、专业化将成为产业组织新特征；竞争形态也将以质量型、差异化为主。随着需求和供给面的变化，各类隐性风险也逐步显性化；风险总体可控，但化解以高杠杆和泡沫化为主

① 习近平首次系统阐述“新常态”［OL］. 新华网，2014－11－09.

要特征的各类风险将持续一段时间。在经济基本面发生变化的大背景下，全面刺激政策的边际效应自然递减。

在我国经济下行压力加大的同时，结构调整阵痛显现，根本原因在于从传统模式转变到新常态，不是一个简单的单因素转换，而是一个系统性、整体联动过程，各种趋势之间、趋势表现与深层次体制机制变革并不完全同步。例如，最终消费需求的转型可能相对较快，但是产能过剩的化解、经济风险的化解不可能一步到位，供、需脱节的矛盾将对微观经济结构调整造成持续压力。而一些新技术、新产品、新业态、新商业模式的投资机会大量涌现，对创新投融资方式提出了新要求；但是，投融资体制的改革牵涉行政审批、资本市场、民营银行准入等方方面面，许多深层次矛盾将一一显露出来，需要克服重重阻力。

认识新常态、适应新常态、引领新常态，是当前和今后一个时期我国经济发展的大逻辑。会议通过对“九大趋势性变化”的阐释，系统、辩证地分析了我国经济发展的阶段性特征，对于统一思想、行动，消除认识误区，引导人们正确、理性、客观看待新常态具有重要意义。

3. 明确经济总体要求，提出 2015 年主要任务

会议明确了 2015 年经济工作的总体要求，即坚持稳中求进工作总基调，坚持以提高经济发展质量和效益为中心，主动适应经济发展新常态，保持经济运行在合理区间，把转方式调结构放到更重要位置。会议提出了 2015 年经济工作的五项主要任务：

一是保持稳增长和调结构平衡。保持宏观政策连续性和稳定性，继续实施积极的财政政策和稳健的货币政策。只有保持经济一定增速，才有保障就业、民生和企业经营，保证社会大局稳定。稳增长是前提，调结构是关键。要把转方式和调结构放在更加重要的位置，只有微观基础和产业基础不断改

善，经济稳定性才能从根本上提高。

二是突出战略性新兴产业和服务业“双支撑”，积极发现培育新增长点。步入新常态下的中国经济，以往大规模投资制造业和房地产业显然已难以支持中国经济维持健康增长，增强战略性新兴产业和服务业的支持作用迫在眉睫。会议强调推动传统产业向中高端迈进，促进大众创业、万众创新，积极发现培育新增长点。

三是加快转变农业发展方式。从主要追求产量增长和拼资源、拼消耗的粗放经营，向数量质量效益并重、注重提高竞争力、注重可持续的集约发展转变。我国粮食连年增产是以资源环境承载压力的不断增大为前提的，必须走科学、绿色农业化道路，努力提升土地产出率、投入品利用率和劳动生产率。

四是优化经济发展空间格局突出“三大战略”。会议提出，要优化经济发展空间格局，继续实施区域总体发展战略，推进“一带一路”、京津冀协同发展、长江经济带建设，积极稳妥推进城镇化。京津冀优质生产要素聚集，对经济发展全局意义重大；长江经济带产业基础良好，又将发达地区和欠发达地区统筹起来，有利于生产要素由东向西、由沿海向内地扩散；推进“一带一路”，是扩大对外开放的有力之举，广袤的中西部地区将受益匪浅。此举将实现我国经济发展由东向西梯度推进，既有利于缩小地区差距和贫困差距，又能形成几大区域战略互动，打造新的经济支撑带和具有全球影响力的开放合作新平台。

五是加强保障和改善民生工作。就业和扶贫是民生之本，是经济社会大局稳定的前提。会议强调要守住这两条底线，更加关注低收入群众生活，确保完成就业目标，实现精准脱贫，防止平均数掩盖大多数。

4. 加快经济体制改革，用好战略经济优势

会议要求，要加快推进改革开放，围绕解决发展面临的突出问题推进改革，推出既具有年度特点、又有利于长远制度安排的改革举措，继续抓好各

项改革方案制定。着眼长远面对对外开放出现的新特点，必须更加积极地促进内需和外需平衡、进口和出口平衡、引进外资和对外投资平衡，逐步实现国际收支基本平衡，构建开放型经济新体制。要精心谋划用好我国经济的巨大韧性、潜力和回旋余地，依靠促改革调结构，坚持不懈推动经济发展提质增效升级，努力做到调速不减势、量增质更优。

2015 年是全面深化改革的关键之年，是全面推进依法治国的开局之年，也是全面完成“十二五”规划的收官之年，做好经济工作意义重大。此次中央经济工作会议首次对中国经济新常态进行了系统阐述，接受并深刻认识了经济需要长周期调整的现实，并对经济结构、产业发展和宏观政策进行了重新梳理，明确了来年中央经济工作的重心，为中国经济在今后一个时期认识新常态、适应新常态、引领新常态指明了方向。

（文/马纪元）

深改组推行建立职务职级并行制度

12 月2 日，习近平主持召开中央全面深化改革领导小组（深改组）第七次会议，审议通过《关于县以下机关建立公务员职务与职级并行制度的意见》（以下简称《意见》），明确提出要总结试点工作经验，在全国县以下机关抓好组织实施。《意见》首次在职务之外开辟职级晋升通道，是我国公务员职级体系的一次重大调整，对调动基层公务员积极性意义重大。

长期以来，我国实行的公务员职务与职级并行制度颇受争议。一方面，基层公务员数量庞大，承担着大量复杂琐碎的工作，直接面对社会一线问题。另一方面，待遇与职务挂钩的“唯职务论”体制导致基层公务员“难升职、难加薪”。据统计，在目前各地公务员工资的四个组成部分中，职务工资约占

20%，级别工资约占25%，地区附加津贴约占45%，各种补贴约占10%。由于地区附加津贴基本按职务发放，因此职务工资整体所占比例接近七成，而且级别在很大程度上也受职务所限。可以说，职务对工资水平起决定性作用。这一制度导致了基层公务员晋升的“天花板”现象，既不符合公平原则，也不利于提高公务员积极性。

此次《意见》在县以下机关建立公务员职务与职级并行制度，旨在打破现行体制下职务职级联系过于紧密，以职定级，以职定薪的局面，为基层公务员开辟了一条独立晋升通道。职务与职级并行制度可以理解为“双轨制”，即把职务与职级分开实行。职级将与工作资历、工作表现、百姓评价等考评标准挂钩，同时加强工资待遇与职级的关联性，使基层公务员在不担任领导职务的情况下，也能提高级别和待遇，开辟出新的上升空间，进而调动基层公务员的工作积极性。

职务职级并行制度的主要目的在于推进公务员的科学管理，同时满足公务员的激励需求。该制度的设计要在满足《公务员法》的立法精神，尊重客观规律的基础上，确立制度科学化、法制化的目标，全面实现该制度的功能和价值。首先，要明确职级的内涵，职级是根据职务、业绩、责任、能力、资历等各因素确定的公务员等级，是公务员在机关中身份和地位的重要标志。职级既要与职务保持一定的对应关系，又要有自身的独立性。其次，要规范职级评价要素，即保证各要素在评价职级时的确定性和标准性。职级既要体现公务员职务和责任的大小，也要兼顾品位要素，同时预防职务、职级错位。再次，要增强职级的激励功能，加强职级与待遇的客观联系。最后，要完善职级晋升机制、科学设计职级结构。

此次推行职级职务双轨制改革是我国公务员体制改革的重要一步，但《意见》仅明确了改革方向，实践中，还将面临一系列问题。第一，职级评定制度设计的问题。一方面，职级和职务始终有相关性，如何在职务之外评定职级，以什么标准评定职级，如何确定职级的数量以及与职务之间的平衡都是需要重点解决的问题。另一方面，由于单位的级别是有限的，如何解决职级对于单位级别的依赖也是需要考虑的。第二，其他基层公共服务机构的待遇问题。政府机构、公共事业单位以及公共企业都是重要的基层公共服务机构，此次在改革基层公务员制度的同时，也不应该忽视其他基层服务单位的待遇问题。如果仅仅提升公务员的待遇，而不解决其他基层公共服务机构人员的待遇，会导致其他机构人员产生不满情绪，反而会使基层公共服务打折扣。第三，中西部地区的财政负担问题。由于基层公务员工资由地方政府支出，中西部许多地区政府财政拮据，在职级并行制度实施后，必然会增加财政支出，造成更大的财政负担。

职级与职务适度分离、相辅相成，共同构成了公务员事业发展的两条阶梯。职务序列带来的是公共管理的权力与责任，职级序列带来的是职业尊严和经济待遇，两个序列都承载向上的人生，能为基层公务员提供更多选择和更大空间。此次改革开启这一新序列，为夯实我国执政基石注入了新活力。

（文/王曹翼）

中央农村工作会议部署推进农业现代化

12 月22—23 日，中央农村工作会议在北京举行，李克强出席会议并发表讲话。会议总结了2014 年全国农业农村工作，研究了依靠改革创新推进农业现代化的重大举措，部署了2015 年和今后一段时期农业和农村工作。会议强调，要创新机制、完善政策，努力做好各项工作，坚定不移走中国特色新型农业现代化道路。

“三农”工作作为全党工作的重中之重，近年来一直都是中央一号文件的主题。但由于农业比较收益低、财政贡献小，部分地方对农业的重视仍停留在口号上。有些地方局限于传统思维，依靠拼资源消耗、拼农资投入、拼生态环境的粗放经营来发展农业。本次会议深刻认识到以上问题，明确指出，农业现代化是国家现代化的基础和支撑，目前仍是“短板”，全面建成小康社会的重点难点仍然在农村。在我国经济发展进入新常态的背景下，加快推进农业现代化，对于稳增长、调结构、惠民生意义重大。

会议首先强调了保障国家粮食安全的极端重要性。推进农业现代化，要坚持把保障国家粮食安全作为首要任务，确保谷物基本自给、口粮绝对安全。此外，还要创新机制、完善政策，努力做好以下各项工作。

一是大力发展农业产业化。在稳定粮食生产基础上，积极推进农业结构调整，把产业链、价值链等现代产业组织方式引入农业，促进一二三产业融合互动。二是积极发展多种形式适度规模经营。要坚持以粮食和农业为主的“红线”，因地制宜，通过土地流转、土地入股、土地托管等多种形式，发展适度规模经营。三是建设资源节约、环境友好农业。要综合施策，减少农业投入品过量使用，推进农业废弃物转化利用，促进受损生态环境修复治理，加强耕地质量建设，严格保护耕地和水资源。四是加大农业政策和资金投入力度。要统筹整合涉农资金，创新农业投融资机制，健全金融支农制度。不管财力多紧张，都要确保农业投入只增不减。五是用好两个市场两种资源。健全国际农业交流与合作制度，创新农业对外合作方式。

会议提出，积极稳妥推进新农村建设，加快改善人居环境，提高农民素质，推动“物的新农村”① 和“人的新农村”② 建设齐头并进。长期以来，政

① “物的新农村”是指道路、饮水、电力设施和住房条件等人居环境的改善。

② “人的新农村”是指建立健全农村基本公共服务、关爱农村“三留守”群体、留住乡土文化和建设农村的生态文明。

府的“三农”建设过多集中在对农村的硬件建设和物质帮扶上，此次会议首次提出“人的新农村”，把工作重点着眼在建立健全农村基本公共服务、关爱农村“三留守”群体、留住乡土文化和建设农村生态文明上，体现了以人为本的精神主线，凸显了中央对新农村建设的更高要求。

会议强调，要增强改革创新意识和法治思维，健全和落实责任制度，切实加强农村基层党组织建设，造就一支过硬的“三农”干部队伍，不断提升“三农”工作水平。农村作为法治建设相对薄弱的地区，要加快完善农业农村法律体系，同步推进城乡法治建设，善于运用法治思维和法治方式处理“三农”问题，尤其是农村重大改革要于法有据。这一提法从法治的角度给“三农”工作提供了新的思路和新的工作方法，构成了对依法治国方略的积极呼应。

“三农”向好、全局主动。随着国内外环境条件变化和长期粗放式经营积累的深层次矛盾逐步显现，农业持续稳定发展正面临着前所未有的挑战。只有在保障粮食安全的起点上不断加快农业现代化进程，并进一步优化工作目标，改进工作方法，才能实现农业稳、农民富、农村旺的良好局面，为国家现代化的全局提供支撑、增添底气。

（文/段相宇）

中央纪委加快落实全面派驻制度

12 月2 日，中央全面深化改革领导小组第七次会议审议了《关于加强中央纪委派驻机构建设的意见》（以下简称《意见》），就全面派驻问题进行了集中阐述，明确派驻机构主业为党风廉政建设和反腐斗争，首要职责是监督执纪问责，强调实现全面派驻就是使党内监督不留死角。《意见》既是对全面派驻问题的说明，也是中央纪委推行顶层制度设计的重要举措。

全面派驻，即向党政机关和国有企业派驻纪检监察部门和人员，是中国特色反腐倡廉体系的重要部分。此前，中央纪委派驻机构存在监督力度不够、监督成效不明显、监督执行困难等诸多问题，一方面，驻检机构在查办案件中贡献不多，提供线索微乎其微；另一方面，派驻纪检组组长的工资等福利由所派驻部门发放，领导制度存在矛盾，工作难免受掣肘。

《意见》针对上述问题提出三大举措。其一，加强业务管理，对派驻机构信访举报、查办案件、问题线索处置等工作给予指导与督促；其二，加强干部管理，中央纪委会同中央组织部提名并考察纪检组组长，由其履行监督职责。派驻机构干部的选调、使用、交流等工作由中央纪委统筹规划；其三，加强保障后勤，明确派驻机构工作经费在驻在部门预算中单列，增加派驻机构工作的独立性，使得监督更加有效。

此次《意见》出台亮点突出。一是实现全面覆盖。《意见》增设了7家派驻纪检组，涵盖中共中央办公厅、中共中央组织部等中央和国家机关，属于党和国家治理体系的中枢，反以往之常态，开制度之先河。二是明确工作主业。《意见》要求派驻机构要针对职责不明确不突出、机关内设纪委力量薄弱、监督流于形式等现象，专注监督执纪问责，充分发挥派驻优势。三是划清权限归属。一方面，中央纪委派驻机构由中央纪委直接领导、统一管理，对中央纪委负责并请示报告工作；另一方面，派驻机构负责人可以参加驻在部门的领导会议及重大会议，查阅相关文件，约谈驻在部门干部。四是加强自我约束。《意见》要求派驻机构要发挥“派”的权威和“驻”的优势，履行党章赋予的职责；派驻干部要牢记使命，坚持原则，做到忠诚、担当；对党风廉政问题该发现没有发现就是失职，发现问题匿情不报、不处理就是渎职。

《意见》作为中央纪委顶层设计的一部分，可谓意义深远。承袭党的十八大以来高度注重党风廉政建设和反腐工作的作风，中央纪委一直积极响应，改革党的纪律检查体制，健全腐败领导体制和工作机制，努力形成科学有效的权力运行制约和监督体系。在此形势下，加强中央纪委派驻机构建设，是深化党的纪律检查体制改革的重要举措，亦是党的十八届三中全会关于全面深化改革决策部署的重要组成部分，有助于深入推进中央和国家机关党风廉政建设，引导和促进全国的反腐工作，以优良的党风政风带动社风民风。

然而，中央纪委的顶层制度设计完善仍旧任重道远。一方面，政策落实情况参差不齐，上有政策下有对策，许多制度难以得到贯彻落实；另一方面，现行制度不完善、派驻干部工作能力欠佳仍是现实中存在的问题。如何让政策落地，如何让顶层制度植根于现实，仍是未来努力之所在。

通而观之，制度反腐的改革思路已经明晰，纪检体制改革、制度反腐设计已经纳入到改革的顶层设计中，而在全面深化改革的过程中，阳光是最好的防腐剂，唯有通过民主法治、党建、监督等各方面力量，实现顶层设计与基层探索良性互动，才能真正达到制约、监督权力运行的效果，将权力装进制度的笼子里。

（文/蔡淼）

退休养老金双轨制走向终结

12 月23 日，国务院副总理马凯在十二届全国人大常委会第十二次会议上宣布，机关事业单位与城镇职工统一的养老保险制度改革方案已在国务院常务会议和中央政治局常委会审议通过。按照方案，党政机关、事业单位将建立起与企业相同的基本养老保险制度，养老保险将由单位和个人交纳，退休费计发办法也将得到改革。这意味着实行近二十年的退休养老金双轨制即将终结。

所谓退休养老金双轨制，是指我国机关事业单位实行单位退休养老制度与企业单位实行的基本养老保险制度同时存在、同时运行。机关事业单位员工的养老金直接由财政统一支付，无须由自己承担，而社会企业单位则需由单位和个人按照标准缴纳养老保险。两者在退休金发放数额上也存在较大差距。以甘肃省为例，2014 年全省机关事业单位职工人均月退休费为 3227 元，而企业职工人均月基本养老金为 2065 元。在 2014 年 5 月全国人大财经委的专题调研中，49% 的被调查者对机关事业单位职工退休金与企业职工养老金的差距表示不满。《国务院关于统筹推进城乡社会保障体系建设工作情况的报告》也指出，养老金双轨制是我国社会保障体系中公平性不足问题的突出体现，待遇差距矛盾突出，社会反响十分强烈。

我国退休养老金双轨制起步于从计划经济向市场经济转型的特殊时期。党的十二届三中全会后，随着社会主义市场经济体制的逐步建立，国有企业由原来的统收统支逐渐成为自主经营的市场主体，被赋予用人和工资分配的充分自主权。在此背景下，由企业全包职工养老金制度难以适应市场平等竞争的需要。1991 年 6 月，国务院颁布《关于企业职工养老保险制度改革的决定》，首次提出要建立多层次养老保险制度，企业基本养老保险费用要实行社会统筹，由国家、企业、个人三方共同负担。1995 年，国务院下发《关于深化企业职工养老保险制度改革的通知》，要求企业养老保险实行“社会统筹与个人账户相结合”的模式。与此同时，机关和事业单位员工的养老金仍由国家财政完全拨付，养老金双轨制由此开始出现。1997 年，国务院做出《关于建立统一的企业职工基本养老保险制度的决定》。2005 年 11 月，国务院又做出《关于完善企业职工基本养老保险制度的决定》。在此过程中，企业养老保险制度得到确立和完善，企业员工与机关事业单位员工的待遇差距也开始逐渐扩大。1990 年，城镇企业单位人均离退休费为 1664 元，事业单位和机关分别是 1889 元和 2006 元。到了 2005 年，企业人均离退休费为 8803 元，而事业单位和机关分别为16425元和18410元，差距十分明显。

为缓解养老金制度中的不公平问题，我国相关部门采取了一系列应对策略。从2005年开始，我国连续9年提高企业退休人员基本养老金水平，并从2008年开始推进事业单位养老保险制度改革试点。但是，对双轨制这一根本问题的实质性探索却长期停滞不前。2013年11月，《中共中央关于全面深化改革若干重大问题的决定》提出“推进机关事业单位养老保险制度改革”，实质性的改革措施终于开始启动。2014年5月，全国人大财经委开始对基本养老保险制度等问题展开专题调研。5月15日，国务院发布《事业单位人事管理条例》，规定“事业单位及其工作人员依法参加社会保险，工作人员依法享受社会保险待遇”，养老金并轨政策迈出关键一步。6月，人社部、中编办、中组部、国家发改委和财政部等制定出养老金双轨制改革详细方案。

养老保险是我国社保体系中至关重要的环节。科学合理的养老保险制度有助于建立更加公平、可持续的社会保障体系，推动形成合理有序的收入分配格局，体现促进社会公平正义的改革理念。而长期以来，由于养老金双轨制的受益方是国家工作人员，且改革牵涉面广，利益关系极其复杂，因此各单位从根本上缺乏自我改革的动力和勇气，导致养老金双轨制改革“雷声大、雨点小”，实质性进展十分有限。此轮改革不仅反映出改革的民生主题，更体现了深化改革的力度与决心。

（文/陈铭）

国资委部署2015年国企改革路线图

12月22—23日，国务院国资委召开一年一度的中央企业、地方国资委负责人会议，总结2014年工作，部署2015年任务。会议着重强调要积极推进国企改革，并对改革的瓶颈和主攻方向做了分析阐述，释放出国企深化改革的新信号。

从本次会议不难看出，本轮国企改革是对中央一系列重大会议精神的贯彻和落实。一是贯彻党的十八大对深化国企改革的总要求。本轮改革响应了党的十八大报告提出的完善各类国有资产管理体制、推动国有资本更多投向关系国家安全和国民经济命脉的重要行业和关键领域等要求。二是贯彻党的十八届三中全会的明确部署。十八届三中全会明确要求国有企业一方面要积极发展混合所有制经济，允许更多国有经济和其他所有制经济发展成为混合所有制经济；另一方面要推动国有企业完善现代企业制度，健全协调运转、有效制衡的公司法人治理结构。本次会议对准确界定不同国有企业功能，稳妥、规范、有序发展混合所有制经济，进一步完善现代企业制度做出了相应部署。三是贯彻党的十八届四中全会的法治要求。十八届四中全会提出保护产权、公平竞争、有效监管等基本导向，强调对国有、集体资产所有权、经营权和各类企业法人财产权的保护。本次会议对应提出更加注重依法治企、依法监管的工作思路。四是贯彻中央经济工作会议对推进国企改革的最新要求。会议提出推进国企改革要奔着问题去，以增强企业活力、提高效率为中心，提高国企核心竞争力，建立产权清晰、权责明确、政企分开、管理科学的现代企业制度。这在“四项改革”试点中均有体现，并将成为2015年深化国企改革的重点。

2014年是国企深化改革的开局之年，从部分央企率先启动混合所有制改革，到国资委开展改革试点，再到各地改革方案全面出台，可谓力度空前。2月，中石化启动混合所有制改革，率先在油品销售业务引入社会和民营资本实现混合经营，拉开央企深化改革的大幕。该项改革于9月取得重大进展，25家投资者以1070.94亿元认购其全资子公司中国石化销售有限公司29.99%的股权。7月，国资委选择六家企业开展首批“四项改革”试点。一是推进国资委职能从“管企业”向“管资本”转变；二是积极发展混合所有制经济；三是完善国有企业公司法人治理结构问题；四是配合中央企业反腐败体制机制创新。截至12月，超过20个省市相继出台各具特色的国企改革方案。如北京要求80%以上的国有资本集中到公共服务领域，广东提出五年内推动形成15家左右营业收入或资产超千亿的大型骨干企业集团，上海希望三五年后除国有独资企业外的其他企业实现股权多元化。

2015年中国经济下行压力依然较大。要应对试点运行中暴露的问题，真正推进国企深化改革工作，必须破除三大“枷锁”。

首先，要淡化国有企业的行政色彩。一方面，央企部分高管具有行政级别，企业也因此被“定级”，使得国有企业内部、国有企业之间、国有企业与市场以及其他企业之间，存在“行政壁垒”；另一方面，企业高管选聘受到行政干预，高管随时可能被一纸调令调走，难以稳定服务一家企业，影响企业的现代化治理。

其次，要解决国有企业分类混乱的问题。分类标准涉及财政补贴和薪酬制度等问题，因此合理界定公益性企业、垄断性企业与竞争性企业是国企深化改革的前提，而这一标准至今没有定论。实际上，如中石油、中石化等企业兼具公益性、垄断性和竞争性，在分类时难免有所重合，因此在分类上难以协调。

最后，要明确国有企业改革的主导权。当前国企改革已经出现主导权角力的现象。党的十八届三中全会后，财政部赴新加坡、以色列考察国有资产管理方式，并于2014年3月发出《财政部关于加强企业财务管理的指导意见（征求意见稿）》。该方案视国资委为国企改革的天然障碍，并将中组部、财政部、发改委、工信部都纳入到国有企业改革流程中，而国资委从出资人代表职责转为专业监管者。

（文/彭博）

中国推动大湄公河次区域经济合作

12 月 20 日，李克强首次出席大湄公河次区域经济合作会议，并发表题为“携手开创睦邻友好包容发展新局面”的讲话。本次会议旨在进一步推进形成睦邻友好合作格局，协力推动落实 2013 年达成的“2 + 7”合作框架，促进和平共处、包容和可持续发展，实现互利共赢。

亚洲是当今世界最具发展活力和潜力的地区，是全球经济增长的重要引擎。而大湄公河次区域是亚洲的重要部分，也是潜在的重要经济增长点。大湄公河次区域经济合作（Great Mekong Subregion Cooperation，简称 GMS）由亚洲开发银行于 1992 年发起，涉及流域内的中国、缅甸、老挝、泰国、柬埔寨和越南 6 个国家，旨在通过加强各成员国间的经济联系，促进次区域的经济和社会发展。经过 20 多年努力，大湄公河次区域经济合作战略规划不断加强，合作内容不断走深走实，已经成为域内经济合作的重要平台、次区域经济一体化的重要推手、亚洲繁荣稳定的重要力量。此次会议在新形势和新挑战下，达成了新的共识，为该区域发展注入了新的动力。

李克强在讲话中就构建深化合作新框架，进一步推动大湄公河次区域合作提出五点建议。一是深化基础设施领域合作。流通是市场发展的基础和关键，而大湄公河次区域内经济发展不平衡，基础设施落后，彼此交通不畅。要以建立区域铁路联盟为契机，推动次区域综合运输体系建设，提高地区间联通水平。二是创新产业合作模式。主张建立次区域跨境电子商务合作平台，主办 2015 年经济走廊论坛，积极参与次区域国家工业、技术和产业园区建设。三是加强对贸易投资合作的金融支持。主张湄公河流域国家间开展跨境贸易本币结算试点，扩大本币直接兑换规模，支持次区域互联互通及产业合作重点项目。四是推进民生与社会事业发展。2015 年将向东盟欠发达国家提供30亿元无偿援助，主要用于支持中南半岛国家减贫合作。今后3年将为次区域国家提供3000个培训名额，帮助各国培训农业、卫生等民生领域专业人才。五是提高地区发展的开放联动水平。地区各国应加强自身发展与次区域规划的对接，推进次区域共同体建设，保持与东盟共同体、10+1、10+3等地区合作机制的沟通协调。中方将在10+1框架下探讨建立澜沧江—湄公河对话合作机制，并于2015年举行外长会和高官会。①

从20世纪90年代初以来，中国一直积极参与大湄公河次区域经济合作，积极推动该地区经济社会发展，加强与东盟的睦邻友好关系，维护东南亚地区和平稳定。2002年11月，时任国务院总理朱镕基代表中国参加首次领导人会议，会议批准了《次区域发展未来十年战略框架》。2005年7月，中国举办了第二次领导人会议，与会各方达成广泛共识，签署了便利客货运输、动物疫病防控、信息高速公路建设和电力贸易等多项合作文件；2008年3月，在第三次领导人会议上，温家宝总理与其他与会领导人共同提出了2008年至2012年次区域发展行动计划。2011年12月，第四次领导人会议通过了《大湄公河次区域经济合作新十年（2012—2022）战略框架》，为次区域接下来10年合作发展确定了大方向。李克强此次提出的五点建议，相较以往，姿态上更加积极主动，内容上更加详细具体，除了建议继续加强基础建设的合作外，这次进一步强调金融领域的合作，重视民生和社会事业发展，而且强调大湄公河次区域合作的开放性，地区各国既要加强自身和次区域规划的衔接，也要欢迎区域外国家的参与，保持与东盟共同体、10+1、10+3等地区合作机制的沟通协调。可以看出，中国在大湄公河次区域合作中发挥着越来越重要的作用，正在成为该地区合作的主要倡导者和执行者。

---

① 李克强在大湄公次河区域经济合作第五次领导人会议开幕式上的讲话。来源于新华网，2014-12-20。

当前全球经济复苏乏力，主要经济体走势分化，地区热点问题此起彼伏。亚洲虽面临经济下行压力，但仍是全球具增长活力的地区，这在一定程度上得益于区域和次区域合作的持续推进。从中国的角度来看，大湄公河次区域经济走廊与正在推进的“21世纪海上丝绸之路”密切相关，大湄公河次区域的互联互通正是中国积极推动的“一带一路”构想的重要组成部分。目前，中国与大湄公河次区域框架内五国都建立了全面战略合作伙伴关系，并本着互惠互利的原则同周边国家开展合作，编织更加紧密的共同利益网络，把双方利益融合提升到更高水平。这有助于实现中国“一带一路”构想，解决出口市场严重依赖欧美市场和资源获取渠道单一的问题，进而在“一带一路”建设中抢占全球贸易新规则的制定权，最终达到维护战略纵深开拓和国家安全的目的。

（文/刘建伟）